小学语文课堂教学多维探索

李 雪 沈晓敏 著

吉林大学出版社
·长春·

图书在版编目（CIP）数据

小学语文课堂教学多维探索 / 李雪，沈晓敏著 .—
长春：吉林大学出版社，2023.1
ISBN 978-7-5768-1449-1

Ⅰ . ①小… Ⅱ . ①李… ②沈… Ⅲ . ①小学语文课－课堂教学－教学研究 Ⅳ . ① G623.202

中国国家版本馆 CIP 数据核字（2023）第 036867 号

书　　名：小学语文课堂教学多维探索
XIAOXUE YUWEN KETANG JIAOXUE DUOWEI TANSUO

作　　者：李　雪　沈晓敏
策划编辑：邵宇彤
责任编辑：高珊珊
责任校对：周春梅
装帧设计：优盛文化
出版发行：吉林大学出版社
社　　址：长春市人民大街 4059 号
邮政编码：130021
发行电话：0431-89580028/29/21
网　　址：http://www.jlup.com.cn
电子邮箱：jldxcbs@sina.com
印　　刷：三河市华晨印务有限公司
成品尺寸：210mm×285mm　　16 开
印　　张：11.75
字　　数：203 千字
版　　次：2023 年 1 月第 1 版
印　　次：2023 年 1 月第 1 次
书　　号：ISBN 978-7-5768-1449-1
定　　价：78.00 元

版权所有　　翻印必究

前　言

　　语文是一门综合性学科，其知识点涵盖面十分广泛。语文学科的特性，要求教师成为一名"杂学家"，除了语文基础知识外，还要广泛涉猎各个领域的知识。但事实上，部分语文教师并不具备深厚的文学功底，对于其他领域，诸如经济、社会、自然等学科的知识关注很少。还有的语文教师自步入工作岗位后，就很少再进行阅读和学习了，缺乏对专业知识及时、有效的更新。现代教育理念强调加强学生的课外阅读教学工作，并培养学生研讨、评价文学作品的能力。作为一名教师，更应该作为先行者，走在学生前面，为学生提供正确指引。

　　随着《义务教育语文课程标准（2022年版）》的颁布和落实，教学改革无疑给小学语文教师的工作带来了新的问题和挑战。现代教育理念强调减轻学生的升学压力、减轻学生课业负担、拓展学生学习语文的课堂空间、培养学生的兴趣爱好、着眼学以致用……因此，小学语文教师要注重构建民主、开放、对话、合作的语文课堂，在课堂中导入生活实例，引导学生结合自身已有经验，对新的知识进行探究。基于现代教学理念，人们开始关注学生在语文课堂上学会了什么、感悟了什么、积累了什么，在生活中可以运用哪些技能，如何表达自身的见解和观点。为提高小学语文课堂教学的有效性，推动学生语文综合素养的发展，组织和实施有效的语文课堂教学势在必行。

　　本书基于上述背景，针对小学语文教学进行了深入探索和研究，共分为八章内容。

　　第一章　小学语文教学概述。主要叙述了小学语文教学的理念与原则、特点与功能。

　　第二章　小学语文教学中人文素养的培育。主要从两个方面进行了探究：一是小学语文教师人文素养培育的相关理论，二是小学语文教学中学生的人文素养及其培养途径。小学语文教学中人文素养的培育，有利于促使教师和学生形成良好的人文气质以及正确的人文行为。

第三章　小学语文识字课堂教学探讨。主要从识字课堂教学简述、不同阶段识字教学课堂实施以及识字课堂教学创新策略等方面进行了详细介绍。

第四章　小学语文阅读课堂教学探讨。主要包含小学语文课堂教学简述、小学语文不同阶段阅读课堂教学实施以及小学语文阅读课堂教学的创新策略。

第五章　小学语文写作课堂教学探讨。主要介绍了小学语文写作教学的目标与理念、小学生写作兴趣的激发与培养，以及提高学生写作水平的方法。

第六章　小学语文课堂教学提问探讨。详细介绍了语文课堂提问的艺术性，并从提问教学设计以及提升课堂提问有效性的方法两方面做出分析，旨在为广大教育从业者提供一些借鉴。在教学中通过提问，切实改善课堂教学质量，促进学生思维的拓展和能力的提高。

第七章　小学语文课堂教学与其他学科的深度融合。详细介绍了语文教学中渗透德育、美育、劳育的方式方法，目的是使学生德智体美劳全面发展。

第八章　信息化背景下小学语文课堂教学的创新。主要介绍了小学语文教师信息化教学能力的提升方式，以及微课和翻转课堂在语文教学中的创新应用。

本书结构严谨，系统介绍了小学语文课堂教学的创新路径，希望对广大小学语文教师有所帮助。

目 录

第一章 小学语文教学概述 001
第一节 小学语文教学的理念与原则 001
第二节 小学语文教学的定位、特点与功能 007

第二章 小学语文教学中人文素养的培育 019
第一节 人文素养概述 019
第二节 小学语文教学中教师人文素养的培育 020
第三节 小学语文教学中学生人文素养的培育 030

第三章 小学语文识字课堂教学探讨 043
第一节 小学语文识字课堂教学简述 043
第二节 小学语文不同阶段识字课堂教学实施 049
第三节 小学语文识字写字课堂教学创新策略 055

第四章 小学语文阅读课堂教学探讨 065
第一节 小学语文阅读课堂教学简述 065
第二节 小学语文不同阶段阅读课堂教学实施 070
第三节 小学语文阅读课堂教学的创新策略 086

第五章 小学语文写作课堂教学探讨 093
第一节 小学语文写作课堂教学简述 093

第二节　小学语文写作兴趣的激发与培养　　099

　　第三节　小学语文写作水平提高的方法　　108

第六章　小学语文课堂教学提问探讨　　117

　　第一节　小学语文课堂提问的原则　　117

　　第二节　小学语文课堂提问教学设计　　121

　　第三节　提升小学语文课堂提问有效性的方法　　128

第七章　小学语文课堂教学与德美劳教育的深度融合　　137

　　第一节　小学语文课堂教学中德育的渗透　　137

　　第二节　小学语文课堂教学中美育的渗透　　145

　　第三节　小学语文课堂教学中劳育的渗透　　155

第八章　信息化背景下小学语文课堂教学的创新　　167

　　第一节　小学语文教师信息化教学能力提升　　167

　　第二节　微课在小学语文课堂教学中的创新应用　　170

　　第三节　翻转课堂在小学语文课堂教学中的创新应用　　173

参考文献　　177

第一章　小学语文教学概述

语文学科贯穿整个学生生涯，是各个学段的必修学科，基础且重要。语文学科属于人文学科范畴，语文知识中蕴含大量中华民族传统文化，学习语文知识，可在潜移默化中熏陶人的思想和情怀，丰富人的精神世界。本章是小学语文教学概述，主要叙述了小学语文教学的理念与原则、特点与功能。

第一节　小学语文教学的理念与原则

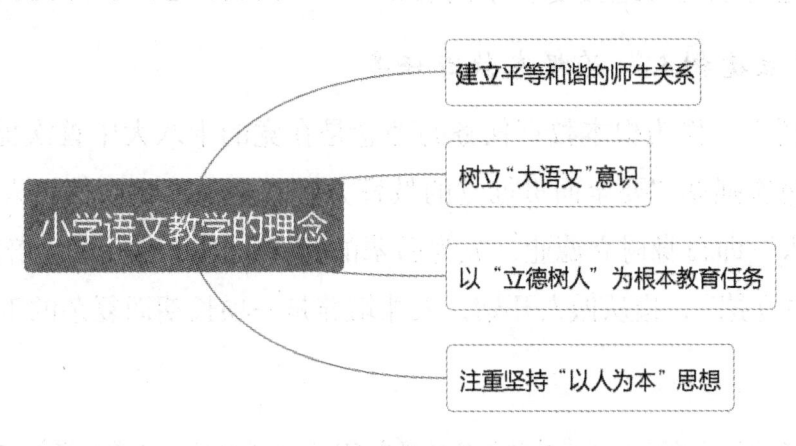

一、小学语文教学的理念

小学语文教学的理念可分为以下几点（图 1-1）。

小学语文教学的理念
- 建立平等和谐的师生关系
- 树立"大语文"意识
- 以"立德树人"为根本教育任务
- 注重坚持"以人为本"思想

图 1-1　小学语文教学的理念

（一）建立平等和谐的师生关系

传统的小学语文课堂教学以教师为中心，学生只能被动地接受知识的灌输，这种"一言堂"式的教学模式无法调动学生的学习积极性，自然也会影响教师的教学积极性，难以提升课堂教学质量。并且传统的教学模式容易导致师生之间缺少良好的沟通与互动，难以形成和谐融洽的关系，不利于教学活动的顺利开展。

作为新时代的小学语文教师，要明确学生的教学主体地位，在日常生活与课堂教学中注重良好师生关系的构建，尤其是在课堂教学中，平等和谐的师生关系可以推动教学活动的顺利开展；师生之间展开良好的互动，可以实现教学相长，从而推动教师和学生一起进步。

（二）树立"大语文"意识

听说读写是学生应该具备的语文基本能力，但是随着社会的发展和进步，人才标准一再提高，这对学生的人才培养工作提出了更高要求，培育更多综合性人才成为学校教学工作的目标和追求。因此，这就需要语文教师树立"大语文"意识，展开多元化的语文教学工作。

语文教师要想帮助学生学习语文知识，就要学会体会语文知识背后的内涵、情感等，只有这样才能促使学生深入掌握语文知识。当然，开展"大语文"教育并不只是培养学生的情感与综合思维能力，更重要的是要在语文知识与现实生活之间建立联系，以生活丰富语文教学内容，让生活激活语文课堂。语文是我国母语课程，所以学习资源和实践机会在生活中无处不在。语文教师要引导学生在日常生活中多读、多看、多写、多积累，只有这样才能在大量实践中找到语文的规律，在课堂中也可以更好地接受教学内容。

（三）以"立德树人"为根本教育任务

将"立德树人"作为根本教育任务的理念是在党的十八大中首次提出的，在党的十九大中又再次强调"要全面贯彻党的教育方针，全面落实立德树人根本任务"。所谓"立德树人"即自身树立德业，成为后辈的榜样，以此进行人才培养。"立德树人"的关键是"立德"，指从做人开始，人才培养是一项长期而复杂的工作。[1]

---

[1] 高莹.群文阅读理念下小学语文阅读教学的策略研究[J].天天爱科学（教学研究），2022（5）：187-188.

（四）坚持"以人为本"的教学理念

现代教学注重坚持"以人为本"的教学理念，注重改变传统的教学理念，从过去以教材为中心转变为以学生为中心，将过去的如何开展教学转变为如何引导学生自主学习，如此可体现"以学生为本，以学生的发展为本"的现代教学理念。[1]

现代教学理念倡导以学生为主体，开展小学语文教学要注重提升学生的教学主体地位，结合学生的身心发展特点以及语文学习特点，尊重和爱护学生的好奇心、求知欲，以多种形式引导学生展开自主阅读、自主探究，鼓励学生大胆表达自身的想法与见解，倡导学生积极开展自主、合作、探究的学习方式，推动学生获得全面发展。[2]

二、小学语文教学的原则

所谓小学语文教学的原则（图1-2），是指为了实现语文教学目的，根据语文教学规律确定的，指导语文教学活动的基本原理和法则。在语文教学中，遵循教学原则，可以更好地处理各种问题和矛盾，以便提升教学的科学性和合理性，收获更好的教学成果。

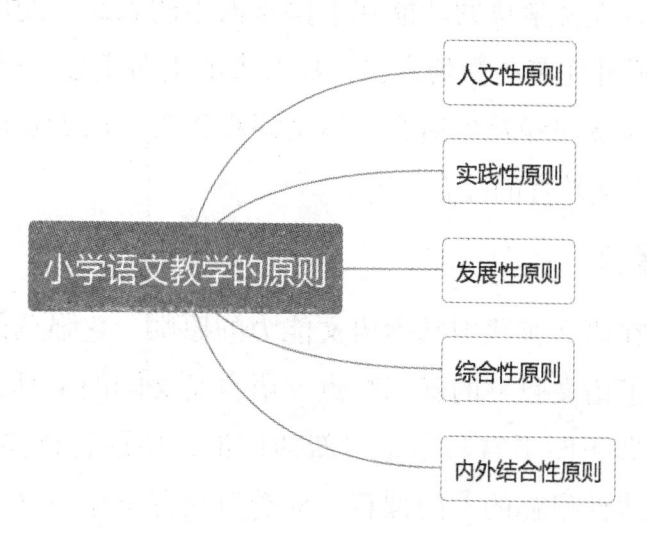

小学语文教学的原则
- 人文性原则
- 实践性原则
- 发展性原则
- 综合性原则
- 内外结合性原则

图1-2　小学语文教学的原则

---

[1] 陈丽云."教学双能"理念下小学语文"三学"课堂的实践研究[J].语文世界（教师之窗），2022（5）：18-19.
[2] 刘逢彦.群文阅读理念下小学语文阅读教学策略研究[J].新课程，2022（17）：12.

（一）人文性原则

在小学语文教学中，坚持人文性原则，也就是在教学中要将语文知识教学和人文教育相结合。

语文是一门关于母语教育的课程，具有较强的实践性和综合性。语文学习的内容是语言文字的运用，也就是说语言文字是运用的对象。如果我们孤立地看语言文字，它们不过是一种符号系统、一种沟通的工具。但历史证明，语言文字的使命不仅仅如此。吴忠豪先生在他主编的《小学语文课程与教学论》中鲜明地提出："语言是民族的语言，文字是民族的文字，语言文字包含着深厚的民族文化历史和独特的民族文化心理，反映一个民族认识世界的方式。"①

过去，统治者更多地利用语言文字来巩固其统治地位。在中国，语文教育始终伴随着统治阶级的道德伦理教育。学生在阅读、写作和写诗的同时，也受到封建道德规范和儒家思想的影响。不仅在中国是这样，外国也不例外。因此，所谓的母语教学问题从来不是纯粹的技术问题。在母语教学中，社会和政治因素起着决定性的作用。

随着课程理论研究的发展，人们对语文课程性质的认识产生了新的飞跃。语文是一门人文学科，人文学科的功能在于探索人生的意义，陶冶人的情操，丰富人的精神世界，形成并完善高尚的人格，提升人的生命质量。因此，用"人文性"来概括语文课程的人文内涵较为适合。语文课程作为一门人文应用学科，应该是语言的工具训练与人文教育的综合。②

（二）实践性原则

实践性原则是在语文实践中掌握语文能力的原则。它强调的是语文学习的实践性，同时也反映了语文教育的基本特点。语言是交际的工具，它的生命力在于语言实践，通过实践不断丰富和衍生出新的词汇，使语言体系不断更新和扩大。小学语文课程是实践性很强的一门课程，应着重培养学生语文实践能力，而培养这种能力的主要途径也应是课堂实践。在新课标中，"运用"一词就鲜明地表现了语文课程的实践性。③ 我国传统的教育侧重于"为应用而学习"。然而，由于应试

---

① 吴忠豪. 小学语文课程与教学论 [M]. 北京：北京师范大学出版社，2004：368.
② 杨光红."差异教学原则"在小学语文课堂教学中的应用分析 [J]. 新课程，2021（51）：153.
③ 刘颖. 课程思政理念下小学语文教学模式的创新与优化 [J]. 安徽教育科研，2022（11）：117-118.

教育的一些不良影响，许多语文教师在语文教学中强调"学习"而忽视"应用"。他们偏向追求语文知识的系统教学，削弱了学生的语言实践能力，导致口语表达能力欠缺。这种现象也被称为"高分低能"。

如何培养学生的语文能力，成为众多专家和学者思考的课题。想要提高学生的语文学习能力，必须要让学生多接触语文材料，在大量的语文实践中掌握运用语文的规律。吕叔湘先生认为："使用语文是一种技能，跟游泳、打乒乓球等技能没有什么不同的性质，不过语文活动的生理机制比游泳、打乒乓球等活动更复杂罢了。任何技能都必须具备两个特点，一是正确，二是熟练。……从某种意义上说，语言以及一切技能都是一种习惯。凡是习惯都是通过多次反复的实践养成的。"① 这些论述阐明了语文能力形成的途径，也为此教学原则的确立提供了充分的理论依据。

（三）发展性原则

在前一部分强调了发展语言技能的原则之后，这里又提到了发展性原则。那么需要发展的是什么呢？这里强调的是发展学生的思维能力。这一原则反映了学生语文能力与课堂语文思维发展之间的关系。20世纪80年代以来，教育界总结出一条反映语文教育规律、培养学生发展语文能力的重要原则。智力是人们在思想活动中理解和改造客观世界能力的反映。智力的核心是思维能力，主要表现在客观事物的深度、正确性和完整性，以及解决实际问题的速度和质量。②

语言和思维是两种不同类型的现象。语言是交流思想的工具，思维是人们对客观世界的认知活动，两者的关系非常密切。一方面，语言是思维的物质外壳，思维是由语言组织的；另一方面，语言是思维的直接表现，没有思考的语言只是一系列无意义的声音或符号。由于思维和语言是相互依存的，在语文教学过程中，学生的思维活动和语言活动总是相互伴随。例如，在作文教学中，部分学生的口头和书面表达能力不强，通常表现为词汇量不足、语言一致性差、语言缺陷多，有些人甚至不了解中心，思维混乱。造成这种现象的深层原因不仅是语言问题，还有思维方面的问题。因此，小学语文教学应遵循发展性原则，注重发展学生的思维能力。

---

① 吕叔湘，李行健. 吕叔湘论语文教育[M]. 开封：河南教育出版社，1995：124.
② 崔海军. 小学语文读写结合教学方法的实施原则与策略[J]. 读写算，2021（29）：86-87.

（四）综合性原则

小学语文教学的综合性原则，就是坚持语文听、说、读、写能力和谐发展、相互促进的原则。这反映了多种语文能力相辅相成的发展规律。"听"和"说"一般被认为属于口头语言的范畴，而"读"和"写"则属于书面语言的范畴。但就语言理解和语言表达而言，"听"和"读"是理解、吸收口头和书面语言的活动；"说"和"写"是使用、输出口头和书面语言的活动。听、说、读、写是相互联系、相辅相成的。提高听和说的能力有利于提高读和写的能力；相反，提高读和写能力也能进一步巩固提高听和说的能力。从口头和书面语言的角度来看，听和说依靠口头语言，读和写依靠书面语言。它们相互联系、相互支撑。听力和阅读是口语和写作的基础和前提。口语和写作起着消化并转换听力、阅读的作用。因此，一般来说，听、说、读、写是相互关联、相互依存、相互渗透、相互支撑的。

我国传统的语言教学重视书面语的学习，忽视口语的学习。以往的现代语文教学改革都试图改变语文教学中长期存在的重书面语、轻口头语的现象。然而，由于应试教育思想的指导，口语学习在汉语教学中未能受到足够的重视。语文教学强调听、说、读、写能力的和谐发展和相互促进，教学中不仅要认识口头语言在促进书面语言发展方面发挥的重要作用，还要认识口语在人才素质方面起的重要作用。因此，语文教学必须改变忽视口头语言、强调书面语言的现象，以口头语言的全面发展促进书面语言的发展。[①]

（五）内外结合性原则

所谓内外结合，就是课堂语文教学与课外语文活动相互促进的原则。这基于语文是学习母语的课程这一事实。它概述了语文课程应包括的范围，并全面揭示了学生获得语文能力的途径。母语课程、学习资源和学习机会无处不在。语文的外延和生活的外延相等——从狭义上讲，在语文课堂上，学生学习汉语并使用汉语。在其他课程中，教师教授知识时使用母语，教师和学生用母语交流。这些是学生使用汉语的"课堂"。从广义上讲，学生所处的母语环境，为其在社会生活的各个领域学习母语提供了广泛而丰富的资源。汉语是一种社交工具，学生在广阔的母语环境中学习语言的同时，也在社交实践中使用母语。母语环境为学生提供了一个良好的汉语练习平台。虽然语文课程在中小学课程中占据了较多的学时，

---

① 郭茹.小学语文古诗词教学原则探讨[J].散文百家（新语文活页），2021（8）：75-76.

但课堂学习的时间和空间仍然有限。在生活中比在课堂上有更多的时间和更广阔的空间,利用这些资源,我们可以大大拓展语文课程的学习空间,丰富语文课程资源,有效提高语文学习的有效性和学生的语文实践能力。[1]

然而早在教学改革之前,注重教材、教师和课堂的教学理念限制了对语文学习资源的有效开发,忽视了学科与社会生活之间的联系。事实上,在生活环境中,课外语言学习资源是客观存在的。无论教师还是学生都应该有这样的意识,鼓励学生在课堂之外学习语文。但如果教师不注意,不放手,学生的课外语文学习就会处于无意识状态,学习效果难以提高。即使学生注意到这一点,他们自身也没有科学的规划,没有计划和组织,从而造成学习资源的浪费,甚至产生负面影响。因此,只有根据语文的特点,内外结合展开科学的教学,才能达到事半功倍的教学效果。

第二节 小学语文教学的定位、特点与功能

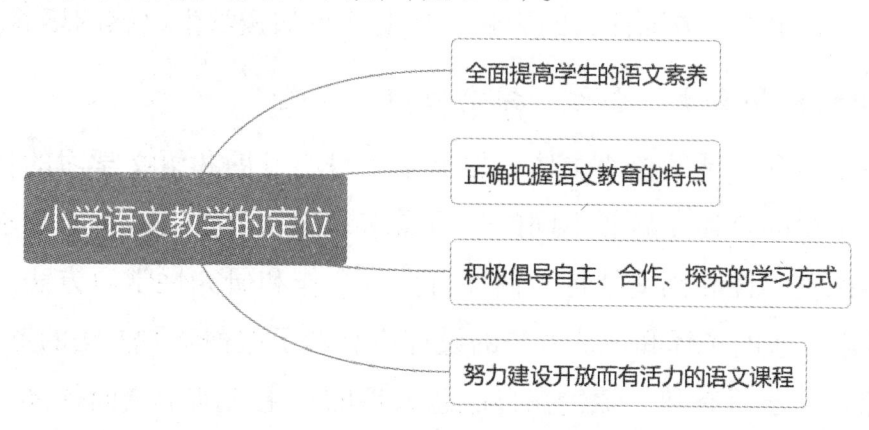

一、小学语文教学的定位

小学语文教学的定位有以下四点(图1-3)。

小学语文教学的定位
- 全面提高学生的语文素养
- 正确把握语文教育的特点
- 积极倡导自主、合作、探究的学习方式
- 努力建设开放而有活力的语文课程

图1-3 小学语文教学的定位

---

[1] 付现红. 小学语文游戏化教学原则和策略研究[J]. 中国校外教育,2020(14):41-43.

（一）全面提高学生的语文素养

小学属于九年义务教育阶段，义务教育必须面向全体学生。因此，小学语文教学要注重培养全体小学生的语文素养，为学生后续在语文领域获得更好的发展做好铺垫。小学是学生接受学校教育的初始阶段，这一阶段开展语文教育，必须要以帮助学生夯实语文基础、培养学生的语文基础能力、提高学生的语文素养为核心。小学阶段的学生应具备一定的识字能力、阅读能力、口语和书面表达能力，还要注重培养其品德修养和审美情趣，从而推动其获得全面和谐发展。[①]

（二）正确把握语文教育的特点

开展小学语文教学，要注重深入挖掘语文教学内容的人文价值，重视语文知识背后内涵对于学生精神层面的影响。由于每个学生的能力和学习经历不同，对于语文材料的反应各不相同，教师要尊重学生之间的差异性，重视教学内容对学生思想的熏陶，注意教学内容的价值取向。[②]

语文课程具有较强的实践性，教师要充分发挥该课程的优势，加强对学生实践能力的培养。值得注意的是，由于语文是母语教育课程，在生活中包含大量的学习资源，教师应放开手脚，不要将教学内容局限在教材中，要善于将贴近学生生活的学习资源引入课堂，让学生接触更多的学习资源，让其在大量的经验之中掌握语文知识的规律。[③]

语文教学包含多个方面，有识字、写字、口语、阅读等，教师要注重汉语言文化的特点对学生多个方面能力的影响，还要注重加强学生语感的培养。

（三）积极倡导自主、合作、探究的学习方式

学生是学习和发展的核心主体。根据学生身心发展和语文学习的特点，语文课程应关注学生的个体差异和不同的学习需求，激发学生的好奇心和求知欲，充分培养学生的主动性和创造精神，倡导自主、合作和研究性学习方法。学习内容的定义、教学方法的选择和评估方法的设计应有助于这种学习方法的形成。[④]

语文综合性学习有利于学生在自己感兴趣的自主活动中全面提高自身的语文

[①] 苏艳霞. 以核心素养为导向的小学语文教学策略探究 [J]. 中华活页文选（教师版），2022（7）：75–77.
[②] 姜建辉. 小学语文教学语言特点新探 [J]. 教育艺术，2019（2）：72–73.
[③] 王颖. 新时代小学语文教学特点的实践与研究 [J]. 学苑教育，2018（12）：38.
[④] 柳生岳. 浅谈创新理念指导下开展小学语文课堂教学的策略 [J]. 天天爱科学（教育前沿），2022（8）：13–15.

素养，这是培养学生积极探索、团结协作、勇于创新的重要途径，因此必须要加强推广和倡导。

（四）努力建设开放且有活力的语文课程

语文课程应立足于面向世界和未来的现实，要拓展语文学习和应用领域，注重跨学科学习和现代科技手段的应用，让学生拓宽视野，提高学习效果，初步掌握立足于现代社会所需要的语文实践能力。[①]

语文课程应该是开放且富有创新活力的，应尽可能满足不同地区、不同学校、不同学生的需求，并能够根据社会的需要不断自我调节、更新发展，应当密切关注当代社会信息化的进程，推动语文课程的变革和发展。建设开放且有活力的语文课程，无论是观念、内容还是方法，都要符合时代的需要。在语文课程建设上，要克服以往语文课程存在的不足，实行课程内容、课程实施等的根本变革，使语文课程体系真正做到开放且富有活力。在课程内容上，语文教科书增加了选学、选读、选做的内容，教科书给地方、学校留有补充乡土教材和开发校本课程的空间；在课程实施上，要不断改进课堂教学，探索形式多样的教学形式，逐步走向课堂教学、语文活动、语文综合性学习相结合，学校、家庭、社会语文教育相结合，使语文课程更富有活力。语文课程建设要加强综合性研究，沟通与其他学科的联系，沟通与生活的联系，拓宽学语文、用语文的天地。

建设开放且有活力的语文课程，要增强课程的资源意识。语文课程的资源是丰富的。虽然各地学校可能在教学设备方面的条件不一致，但是其具有的课程资源都是丰富的，只是特点不同而已。开发和利用语文课程资源，需要广大教师和学生的胆识、智慧和辛劳，要鼓励教师开发、利用取之不尽的语文教育资源。学校领导和社会各界也要加大支持力度。语文课程改革要加强现代意识，要引进现代教育技术。

二、小学语文教学的特点

语文学科属于人文学科范畴，作为一线执教教师，应注重深入挖掘语文知识中包含的人文因素，在教学过程中促使学生的情感体验得到提升。作为新时代背景下的小学语文教师，要注重结合全新教学指导思想对自身教学理念做出合理调

[①] 邹鑫淼.教学改革理念下小学语文群文阅读教学的开展策略探析[J].考试周刊，2022（22）：59-62.

整，调动学生的学习积极性，促使学生在学习和理解语言文字的过程中启迪思想、陶冶情操。小学语文教学具有如下几个特点（图1-4）。

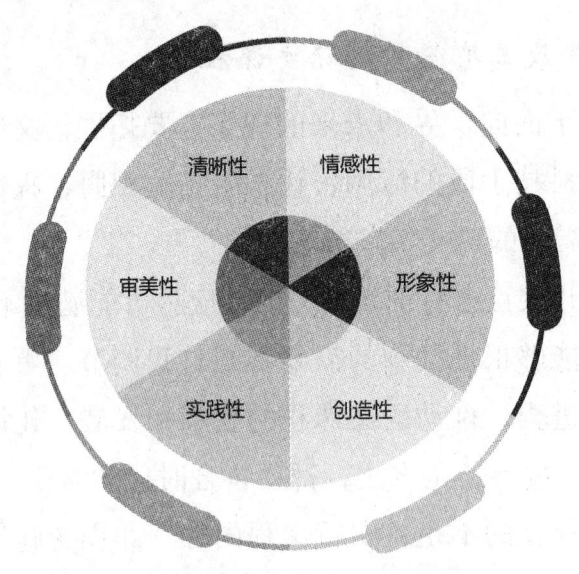

图 1-4 小学语文教学的特点

（一）小学语文教学具有实践性特征

语文学科是一门具有较强实践性的学科，教师进行语文知识教学时，要注重将语文知识与学生的实际生活进行联系，并积极组织相关实践教学活动。语文是学生的母语课程，在生活和学习中都需要运用语文知识，这充分体现了语文学科具有较强的实践性。语言是人们赖以交流的工具，这也是开展生活化语文教学活动的重要原因。

小学语文教学的实践性特点主要表现在两个方面：其一，语文素养需要在语文运用实践中生成、发展和提升。课程设计不再以静态知识体系为纲，不再以单一方面的能力训练为纲，而是以在实践生活中能解决复杂问题的综合能力为纲。其二，学生的实践活动分为以获取间接经验为主的语文实践活动和以获取直接经验为主的社会实践活动两种。学生语文实践活动的特殊性要求言语活动必须有目的、有计划地进行，既要在真实的社会实践中进行，即以活动模式为主、语文知识教学蕴含其中的综合实践活动，也要保持针对语文学科的知识系统精心设计，根据学科特点进行的学科模式，即以语文知识学习为主的活动。例如，语文学习的规律是多读多写、日积月累，学生的阅读实践活动应整体设计读书计划、阅读书目，统筹安排阅读时间。小学语文学习是一个从感性体悟到理性思索的发展过程，学生的写作实践要与语文综合性学习活动结合起来，设计真实写作、任务驱动型写作，让学生在完成真实写作任务的过程中养成分析问题和解决问题的综合能力。把握这些语文实践活动特点，这样才能更好地培养学生的语言文字应用能力和解决问题的实践能力。

（二）小学语文教学具有一定的审美性

《苏霍姆林斯基论美育》一书中有这样的阐述："我一千次地确信，没有一条富有诗意的、感情的和审美的清泉，就不可能有学生全面的智力发展。"由此可以看出，进行小学语文教学，教师要注重展现语文的"美"，才能开展高质量语文教学活动，推动学生思维、能力、情感的全面发展。想要开展富含审美性的小学语文教学，教师要注重这样几点：①表现教学内容美；②呈现情景美；③挖掘语言美；④展现教学的节奏美、风格美、板书美；⑤注重自身形象美，良好的仪态、风度、情态都能有效塑造教师的"外在美"。充分展现审美性的小学语文教学，可以带给学生更好的学习体验，让学生在学习语文知识的过程中发现美、理解美、感受美，从而推动学生全面发展，最终让学生拥有创造美的能力。教育是一件富含艺术性的事情，而艺术的本质则是人们对于现实的审美观照。所谓教育艺术就是教师通过运用多元教学方式，遵循美的规律，开展创造性的教学活动，那么教育艺术自然具有审美性特征。

小学语文教学基础要求包含促使学生养成健康正确的审美观，并提高学生发现美以及创造美的能力。因此，可以说语文教学过程即审美过程。小学语文教学可以从教学内容以及教学过程两个层面展现审美特质。教材是小学阶段语文教学的主要依据，为了充分展现语文教学的审美性特征，小学语文教材中收录了大量文质兼美的文章，这是遵循美的法则所选择的优秀文章典范。如小说中塑造了主人公的形象美，古诗词中体现了意境美，议论文中包含哲学美等。教师要深入挖掘教材内容，立足审美教学，充分利用审美教育资源，提高学生的审美能力，改善学生的审美品质。

教学过程美主要体现在教师的"外在美"以及表达形式美。教师的"外在美"主要指教师在课堂中展现的仪表、肢体动作等，教师要做到衣着整齐、仪表大方、语气温和、态度亲切；表达形式美需要教师注重语言美。教学是一项艺术性活动，教师应注重使用具有引导性、启发性的语言与学生进行沟通互动。教师还要注重把握课堂教学节奏,有张有弛,有的放矢,从而实现教学节奏美;板书字迹工整、条理清晰、简洁明了,从而达到板书美的要求。

(三)小学语文教学的内在特征是清晰性

教学目标、语文知识、教学过程、教学评价之间具有清晰的内在逻辑,所以说小学语文教学的内在特征是清晰性,语言简洁、逻辑缜密才能充分展现语文教学的艺术性。小学语文教学的清晰性主要体现在语文教学内容中的知识点之间逻辑的清晰性、语文教学系统的各要素之间逻辑的清晰性、语文教学过程逻辑的清晰性。

1.语文知识点之间逻辑的清晰性

小学语文教学过程中,教师要注重把握语文知识的类别。语文知识主要包含三大类。第一类,语文规律方面的知识,包含文字、词语、语法、写作等;第二类,语文学习方法论的相关知识,包含听说读写的方法、培养语文思维的方法、工具书的使用方法等;第三类,教学内容中与社会常识和自然常识相关的知识,包含风土人情知识、传统文化知识、古诗词写作、朝代背景知识等。语文知识有自身的基本概念与知识体系。在设计小学语文教学内容知识点时,要注重遵循教育界的教学指导思想,选择实用、易懂、精练的教学内容。作为教育一线工作者,教师必须深入挖掘教材,把握教材整体脉络,连点成网,构建完整的知识体系。

2.语文教学系统的各要素之间逻辑的清晰性

语文教学系统包含教学目标、语文知识、教学方法、教学评价。教学目标,即对学生的期望在教学中的转化与实现。想要实现语文教学目标,就需要把握好教学系统中其他三个要素。所谓语文教学系统的各要素之间逻辑的清晰性,就是要清楚小学语文教学的目标是什么,教学目标与语文知识之间有什么样的关系,针对教学目标和教学内容应该采取哪种教学方式,教学评价又该如何紧扣教学目标等。

3.语文教学过程逻辑的清晰性

采取一定教学方式进行语文知识的教学,从而达成预期的教学目标,完成教学活动的历程即语文教学过程。完整的教学过程包含多个教学环节,每一个教学环节对应一定的语文知识、教学方式和教学目标。顺序性是教学环节排列的特点,以既定教学目标为指向，按照明确、合理的顺序展开教学，教师按照科学的顺序教授，学生按照科学的顺序学习，循序渐进，才能确保落实教学内容，达成教学目标。因此，语文教学过程逻辑具有清晰性。

（四）小学语文教学具有情感性特征

小学语文教学过程中涉及三个主体：教材、教师和学生，三者之间的交流互动即教学过程。教师与学生之间在教学中的交流是双向的，并且蕴含一定的情感。在师生情感交流的过程中，完成教师的"教"和学生的"学"，同样也是在"教"与"学"的过程中完成师生之间的情感交流。为顺应现代教育指导理念，加强学生核心素养的养成，语文教材中收录了大量富含情感的文章。教师开展教学活动要注重深挖教材，引导学生深刻体会文章中的思想情感，并通过与学生之间的情感交流，扣动学生心弦，促使学生与作者或者文章主人公产生情感共鸣，从而提升学生的学习体验和情感体验。朗读是学习文章的基础，为充分展现语文教学的情感性，教师要不断学习先进教学思想，提升自身语言修养和品位，在课堂中为学生进行声情并茂的朗读，从而激发学生的审美情感。小学语文教学的过程，即逐步培养学生理解所学内容的思想情感的过程。而培养小学生理解文章思想情感的最佳方法，就是在学生学习的过程中加强情感因素的渗透。只有将情感因素与语文教学内容进行有机融合，才能促使学生对思想情感的理解能力获得改善，同时促使学生的学习成效更上一层楼。

（五）小学语文教学具有形象性特征

立体、直观、生动地将知识呈现在学生眼前，将抽象的知识转化为具体形象，更有助于对学生的感官进行直接刺激，进而帮助学生快速理解知识，提高学生的学习效率。小学语文教师开展教学活动时可以借助图像、音频、视频等形式，所以小学语文教学具有一定的形象性特征。小学语文教师在课堂中要注重两个方面的形象功能，分别为语言的形象功能和体态语言的形象功能。通过语言描述将教材中的内容或者导入课堂的案例描述清楚，达到一种"亲眼所见"的效果；体态语言即教师在课堂中的肢体动作、表情等，可以为有声语言起到一种辅助作用，将语言符号转化为动作形态，可以促使学生对知识形成更加深刻的理解。同时，体态语言的运用可以让教学变得更加生动、活泼，从而激活课堂，迅速调动学生的课堂积极性。随着信息技术的飞速发展，如今已经全面进入"互联网+"时代。

除上述语言和体态语言外，教师还可以充分运用新媒体教学设备、信息技术等增强小学语文教学的形象化特征，如通过影视艺术可以直接呈现抽象的语文知识，促使学生产生身临其境的美妙感受。

（六）小学语文教学具有创造性特征

开展教学的目的在于通过知识传递开阔学生眼界、提升学生学识、丰富学生情感、增强学生技能，最终促使学生的创新能力和创造力得到良好发展，为社会进步和祖国发展贡献力量。小学语文教学的创造，是教师遵循美的规律开展的培养学生创造力的活动。小学语文教学的创造性主要体现在教师的教学设计方面。教学设计，是语文教师创造性思维在教学过程中的体现，通过对教材进行处理，对学生的学习能力进行判断，对自身教学能力进行评估，对教学目标和教学计划的设定，对教学模式的选择，都会直接影响教学成果。教师对语文教学谋划的物化产品就是教学设计方案，要想充分展现小学语文教学的创造性，教师不仅自身要在教学设计方面进行创新，还要注重加强对学生的引导，激发学生的创新意识，提高学生的创造能力。随着我国教育界指导思想的转变，学生本位思想成为主流教育思想，这就要求教师转变自身教育理念和教学形式，将学生"被动学"转化为学生自主进行知识吸收的行为，并将知识内化于心，外化于行，充分挖掘其自身潜在的创造力。小学语文教学的创造性具有新颖和富含美感的特点，师生共同发挥自身创造力，可以让小学语文课堂充满活力，营造和谐良好的教学氛围，教师愉快教，学生快乐学，实现教师和学生的共同进步与成长。

三、小学语文教学的功能

小学语文教学具有自身独特的功能（图1-5），因此通过小学语文教学可以对教师的教学能力高低进行衡量。学生的学习成绩受到两个方面因素的影响：一是智力，二是动机。教师不能左右学生的智力，但是可以通过先进教学理念和多元教学方法来调动学生的学习积极性，激发学生的内在学习动机。在小学语文教学中，教师可以通过多种方式为学生充分展示语文知识的魅力，以语文知识的内在魅力和外在魅力激发学生学习的动机，激增学生对于语文知识的探索欲望，从而全身心投入学习活动中，发现问题、思考问题、解决问题，以此来实现小学语文教学目标。

图 1-5　小学语文教学的功能

（一）乐学功能

高质量的小学语文教学，可以迅速吸引学生的注意力，促使学生在兴趣的驱动下展开知识探索活动，因此小学语文教学具有乐学功能。学习需要人在兴趣和需求的驱动下自主展开，如果强迫一个人进行学习，这是违反心理学原则的。[①]在传统教学理念的影响下展开教育教学活动，倾向于"强制"学生学习。随着社会的发展和进步，传统教学理念已经无法满足日新月异的社会对青少年提出的更高要求，现代教育理念更加强调突显知识的魅力，从而吸引学生主动展开学习。"强制"和"吸引"体现了两种截然不同的教育思想，得到的最终教学成果也呈云泥之别。传统教学模式下，学习是一种"苦修"，尤其对于小学阶段的学生而言，难以调动学生的学习兴趣，甚至会导致学生出现对于学习的抵触心理，无法达到理想教学效果。而在现代教育理念下，教师通过生动有趣的语言和多元的教学方法为学生讲解语文知识，可有效吸引学生的注意力，激发学生的探索欲望，学生会感受到学习的趣味性和成就感，乐在其中。《学记》有云："不兴其艺，不能乐学。"如果不能调动学生的学习兴趣，就无法促使学生积极自主展开学习。可见在小学语文教学中，发挥语文教学的乐学功能，进而培养学生学习积极性的重要性。

小学语文教学要注重教学的艺术性，当教学达到艺术化水平，学生学习便不再是一场"苦修"，而是一种高层次的追求，在学习中收获知识，提高技能，还能发现美、感受美、享受美，从而达到乐学境界。

---

① 皮亚杰. 外国教育名著丛书　皮亚杰教育论著选[M]. 北京：人民教育出版社，2015：132.

(二)提升心理素质的功能

现代教育理念要求教师充分展现语文学科教学的艺术性特征,在丰富学生学习体验的同时,充分发挥语文教学艺术的多方面功能,推动学生的多种素质和能力获得全面发展。因此,在小学语文教材中收录了大量优秀的文章,可以对学生的思想和心理形成正面、积极的影响,目的在于提高学生的心理素质,推动学生的身心协调发展。

想要加强小学生心理素质的培养,教师可以从语文阅读教学入手。因为学生在阅读中可以接触大量的文本资料,通过阅读理解,深度探究文字背后的内涵,体会文章的思想情感,对自身的心理和思想产生积极正面的影响,从而推动学生心理素质的发展。开展语文阅读教学应注重学生自己的阅读实践,提升学生的教学主体地位,强调学生在阅读和学习过程中的自主意识、情感态度以及判断评价等,目的在于提升学生的心理素质以及文化素质,从而推动学生的个性化发展。

在实际教学中,教师可以筛选对提升学生心理素质有益的书籍,推荐给学生进行阅读,一方面可以实现知识的延伸,锻炼学生的阅读理解能力,培养学生的终身阅读意识;另一方面还可以推动学生的心理素质良好发展,从而可以更好地完成小学阶段的教育教学工作。

(三)培养自主学习能力的功能

现代教育理念强调培养学生的自主学习能力,而传统的语文课堂难以有效调动学生的思维,不利于挖掘学生自身的潜能。因此,小学语文教师在教学中要注重改变教学策略,以便在课堂教学过程中通过科学的方式,帮助学生形成对知识的探索兴趣,不仅帮助学生收获知识,还要注重学生能力的养成,改善学生的思维品质。好的教学方式不仅要高效完成知识传递,更重要的是引导学生掌握正确的学习方式,并通过学生自主学习,搭建完整的知识框架。学生养成的自学能力不仅适用于本学科知识的探索,还能高效完成其他学科知识的学习。所谓自学能力,即学生对信息的建立、处理和反馈的能力。学生自主学习能力的养成不是一件一蹴而就的事情,要注重在日常教学工作中加强对学生的训练。学生在教师的引导下,有计划、有目的地进行知识探索,并掌握灵活运用知识点的方法,最终将正确学习方式内化于心,形成自身的能力。值得教师注意的是,教师的角色虽然从传统的课堂"主宰者"变成现在的课堂"主导者",但这并不代表教师可以放手不管，将课堂完全交付学生。教师的引导作用不容忽视，如何正确引导提高学生学习兴趣，如何引导学生采取正确方式进行学习，成为教师需要探索的课题。

在培养学生自主学习能力方面，当代教育家魏书生老师经过苦心研究，汲取众多语文教育家的经验，融合多位语文名师的先进教学思想，通过不断探索和实践，最终确立了"课堂教学六步法"，包含定向、自学、讨论、答疑、自测、自结。通过这六个步骤，可以有效转变传统课堂中教师和学生所扮演的角色，可促使教师与学生之间相互促进、共同提高。在推动学生能力发展的同时，也可提高教师的教学水平，进而实现"以学定教，教学相长"的目的。学生在学习目标的"定向"指引下，积极进行自主思考，进行小组讨论，解决疑问，并通过自测、总结等检验自身的学习成果，可以让学生全身心参与"发现问题—思考问题—解决问题—收获知识—提高能力"的完整过程，并且教师也要全程参与，引导学生学习，为学生提供帮助，培养学生的学习兴趣和学习信心等。通过这样的"课堂教学六步法"（即定向、自学、商量、答疑、自测、自结）可充分展现学生的学习主体地位以及教师的主导作用，可以使课堂信息交流变得及时、广泛、深入。这一教学方法的运用有效弥补了传统课堂教学方式的弊端，促使学生积极主动参与学习活动，让课堂真正变成学生的课堂，促使课堂教学质量获得大幅度提升，并且使学生的自主学习能力得到有效发展。

在培养学生自主学习能力方面，钱梦龙老师主张在语文阅读教学中开展导读式的教学活动，并依此创设了"三主、四式"导读法，这是语文阅读教学史上一个新的里程碑。导读法强调了学生的教学主体性，教师在教学中扮演引导者的角色即可。所谓导读法，即教师引导学生自主展开阅读活动。教师"主导"、学生"主体"、训练"主线"，三者的辩证统一有效改变了传统阅读课堂的格局。教师要注重激发学生的阅读兴趣，让学生在兴趣驱动下自主开展阅读活动，进而培养学生的自主学习意识，还可以促使学生的自主思考以及自学能力获得良好发展。钱梦龙老师主张的语文阅读导读法，旨在促使学生在自主学习的过程中提高能力，推动传统教师的"教"逐步走向"不教"，可以有效降低学生对教师的依赖，让学生可以在学习的整个过程中从观念、意识等方面做到真正"独立"，这对于推动学生获得个性化发展大有裨益。

作为新时代的小学语文教师，要注重不断反思和总结，深入把握语文教学规律，依照班级内学生和教学内容的实际情况，对教学方式进行改革与创新，创造具有审美意义的语文教学风格，并且在教学中要注重学生自主学习能力的培养，如此才能推动学生的个性化发展，不断推动我国小学语文教育事业变革，使其获得可持续发展。

（四）培养学生人文精神的功能

小学语文教学中，阅读能够培养学生的人文精神。在《义务教育语文课程标准（2022年版）》中对小学阶段学生的阅读量有明确的要求，目的在于让学生通过阅读大量的优秀文学作品形成高尚情操，推动其思想发展，丰富其精神世界，为学生后续在文学领域的深度发展夯实基础。通过读书可以颐养性情，助人成才。可见阅读对于人的影响是深远的。因此，通过在小学语文教学中引导学生阅读大量古今中外优秀的文学作品，可以潜移默化地熏陶学生的思想；通过与文学大师对话，与文化经典对话，可以让学生感受到文字无尽的魅力，从而促使学生形成热爱生活、积极探索、勇于创新等人文精神。

第二章　小学语文教学中人文素养的培育

人文素养是一个宽泛而又丰富的概念，它对人类社会的不断发展，对民族、国家的生存和发展都起着重要的作用，因此小学语文教学中应强调人文素养的培育。本章主要从两个方面进行探究：一是语文教师的人文素养，二是学生的人文素养。

第一节　人文素养概述

"人文"一词最早出现在《易·贲》中，"人文"即弘扬人性，强调人之所以为人的内核。它的内在核心是对人的道德情操、精神境界、终极关怀的尊重，外在取向是对人类命运、人类理想、人类解放的思考和探索。

人文教育是以传播人文知识，强化人文精神为核心的教育。其目的是培养和发展学生理解和处理社会关系的能力，通过传授人文知识，帮助学生运用一定的价值标准来理解生活、提高思维、净化心灵，树立正确的世界观、人生观和价值观。人文教育在不同的历史发展阶段具有不同的内涵和表现形式，但其主要精神实质上是相同的。从本质上看，人文教育是一种人性教育，传达人类智慧、民族传统、道德情操，通过个人教育、道德教育和文化教育取得的文学艺术成就，从而培养下一代的健康人格，促进他们的身心发展。

人文素养，从其内涵看，主要包括人文知识的修养和人文精神的修养。人文知识的修养可以通过学习文、史、哲和艺术等人文学科来获得。人文精神的修养则是在获得人文知识的过程中形成的世界观、人生观、价值观等。从其外延看，人文素养包括思想品德素养、文化素养、审美素养、心理素养、礼仪素养、人格素养等。中外古代教育基本上都是以人文教育为主，突出人文教育的教化功用，注重培养身心全面发展的理想人格。今天我们强调加强学生的人文素养教育，培养良好的人文素养，就是要关注人类，关怀人与社会、自然之间的和谐，追求人生理想、信念、价值的实现，塑造完美人格，培养高尚的道德情操，回报他人和社会。

第二节 小学语文教学中教师人文素养的培育

一、小学语文教师人文素养的基本构成

小学语文教师展开教育教学工作，要注重从学生的实际情况出发，对学生的内心深处产生影响，充分把握学生的身心发展规律，以多种教学技巧进行教学活动，并在这一过程中发现问题、解决问题，才能有效推动学生获得长远发展。现代教育理念强调学生的教学主体地位，那么教师就要扮演好自己引路人的角色。小学语文教师工作在教育一线，要想承担培养祖国花朵的重任，就需要转变自身传统教育观念，与时俱进，做一名德才兼备的人民教师。[①] 小学语文教师还应该拥有超越常人的人文素养，才能帮助青少年形成健康正确的思想价值观念。小学语文教师人文素养的基本构成可参照下图（图2-1）。

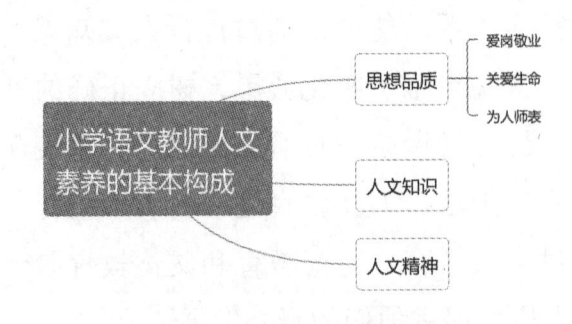

图2-1 小学语文教师人文素养的基本构成

---

① 胡献玲.乡村小学语文教师人文素养提升路径研究[J].教育文汇，2021（10）：41-43.

（一）思想品质

1.爱岗敬业

教师是受人尊重的职业，目前我国教育正处于从应试教育向素质教育的转型时期，教师的自身角色也在转换之中。如果教师只以物质回报衡量自己的工作，或者为了提高自身工作业绩而与同事发生冲突，这些都不能算得上爱岗敬业的表现。作为影响学生思想的教师，要怀揣一颗无私奉献的心，放下个人得失，应该为学生、为学校、为他人着想，才能为学生树立正确的榜样，对学生的发展带来积极影响，促使学生成为无私奉献、品格高尚的人。因此，新时代小学语文教师必须在"以人为本"的基础上塑造良好的教师形象，做具有人文性且爱岗敬业的教师。

教师是一个心系学生、社会与国家的特殊职业，作为一名教师，必须具备一颗无私的心，为教育事业、社会与国家的发展奉献自我。教师在教育工作中，要做到不计较个人得失，舍己为人，真正做到"学而不厌，诲人不倦"。教师只有具备无私奉献的精神与品质，才会在工作中获得更多的快乐与满足。

作为一名爱岗敬业的人民教师，应该具备一些特有的品质，比如深厚的文化底蕴、坚持不懈的学习精神等。教师的工作是复杂的，它的复杂性主要表现在以下几个方面：首先，面对的学生是性格各异的；其次，教学的内容也不是一成不变的；再次，运用的教学方法和策略需要不断变化，因人而异；最后，自身也要不断学习，要想长久地立于不败之地，就要有一颗不断进取的心。面对如此复杂的状况，教师要不断学习，保持进步，跟上时代的步伐。当今社会，学习逐渐成为每个教师的必修课，在学习的过程中不断更新知识，掌握最新科技，适应时代的发展。学会学习不仅是人们生存和发展的基础，更是提高学习效率的保障。教师在学习的过程中不仅要不断吸收各种宝贵的文化知识充实自己，还要提高自己的文化底蕴，在教学与管理的过程中能把握时机，处理问题游刃有余，面对突发事件能从容不迫。此外，还要在汲取这些精华时，平心静气，保持怡然自乐的心态。因此，教师要具备爱岗敬业的品质，以对教育饱满的热情来面对复杂的工作。用心关爱和鼓舞学生，让他们每天都有新的体验和进步。

拥有终身学习的理念，是作为爱岗敬业好教师的首要条件，但注意不能刻板，要活学活用。教师保持一颗好奇心是很重要的，要时刻充满对新鲜事物的好奇；

要开朗乐观，幽默风趣，多姿多彩；还要朝气蓬勃，努力向上，对理想目标不懈追求。这是教师永葆青春活力的秘诀，这不仅可以让学生在快乐中受益，还可以让学生拥有对生命的感悟与理解，以及对人生的追求。

要想成为一名爱岗敬业的好教师，就应当顺应时代的发展，保持前进的态度，给自己寻找更多的机会，实现自我超越。"人文素养"的提升就是教师实现更高理想的基础。教育的终极目标是形成人格，教师没有一定的人文素养显然是办不到的。教师是要有职业精神的，说的就是师魂。比如人们倡导的"五种精神"：奉献精神、敬业与乐业精神、园丁精神、创新精神、拼搏精神。教师自身的价值就在于无私奉献并执着于自己的事业。

2.关爱生命

作为一名教师，在承担学生的教育工作，在完成知识传递工作的同时，教师还要关爱学生，给予学生充分地理解、尊重、爱护、信任，关爱学生也是热爱教育事业的表现。小学生正处于快速发展阶段，教师要做好班集体的"大家长"，注重构建和谐、民主、融洽的班级环境，让学生在愉悦的氛围中学习知识、提升自我、获得发展。现代教育中，教师扮演着领路人的角色，带领学生按照正确方向发展，这样才能确保学生成为全面发展的高素质人才。教师对于学生的爱，还体现在帮助学生改掉自身的坏习惯，促使学生不断完善自身。小学阶段的学生年龄较小，品质和行为习惯还没有定型，需要教师加强引导和教育，这样才能帮助其进步与成长。

想要做好教育工作，教师心中必须有"爱"，这样才能让学生感受到教师对其的关怀与爱护，促使学生愿意跟随教师的指引进行学习活动。教师的关爱还可促使学生形成积极向上的精神品质，从而促使学生的行为品质得到完善。反之，如果教师对学生过于严厉、苛待，就会导致学生出现逆反心理，甚至导致学生心理畸形，成为社会不稳定因素。小学阶段的学生容易受到教师感染，他们会因为得到教师的关怀与尊重而喜欢教师，进而努力学习回报教师。因此，小学语文教师必须以"爱"影响学生，促使学生成为高尚的人。在教学工作中，教师要坚持以生为本、张弛有度，爱护学生，尊重学生，这样才能推动学生身心健康发展，使其成为高素质人才。

3. 为人师表

孔子在《论语》中说道："其身正，不令而行；其身不正，虽令不从。"可见，教师自身的道德素养是十分重要的。教师是学生模仿的对象，教师具备高尚的思想以及端正的品行，才会指引学生成为品德高尚的人。教师要时刻将"为人师表"牢记心中，规范自身言行，在工作生活中必须符合教师的规范要求，身体力行，以自身行为打动学生。

教师要注重端正思想，正确看待历史，比如在进行《圆明园的毁灭》这篇文章的教学时，教师要引导学生铭记历史，为民族崛起、祖国昌盛而奋斗，避免历史重演。同时，作为教师还要以身示范，平时不断学习，努力工作，这样才能对学生产生积极影响，久而久之学生就会养成良好的习惯，从而使学生越来越优秀。

除了在思想上的影响，教师还要注重对学生行为上的影响，所以教师一定要在日常工作中注意自身的言谈举止。例如，教师要求学生养成爱护环境卫生的习惯，就要将自己的物品摆放整齐，见到教室或者操场上的垃圾要主动捡起并丢进垃圾桶；要求学生进行课外阅读，教师自己就要率先养成课外阅读的习惯。总之，教师对学生提出要求的前提，是自身先达到标准，从"言传"转为"身教"，起到榜样作用。从点滴做起，只要持之以恒，终究会影响学生的思想和行为向良好的方向发展。

（二）人文知识

"人文知识"涵盖的内容甚为广泛，如文学、政治学、哲学、境界学等。小学语文教师想要获取丰富的人文知识，就需要积极开展阅读活动，不断在阅读中积累，才能取得更大的成就。作为工作在教育一线的小学语文教师，获取人文知识的最好途径是实践，在实践中学习知识、验证知识，并通过教学的形式，将人文知识传递给学生。

文化经典是民族文化的结晶，更是传承民族文化的重要载体。小学语文教师想要获取大量的人文知识，可以通过阅读文化经典这一途径来实现。通过阅读文化经典，深入挖掘其中的人文精神，学习其中的人文知识，可推动小学语文教师人文素养的整体提升。

小学语文教师想要丰富自身的人文知识，不仅要阅读大量的文化经典，还要了解多个领域的知识，如心理学、历史学、经济学等，博学多识的教师才能上好一堂语文课，上好一堂精彩的语文课。

（三）人文精神

人文精神，是一种普遍的人类自我关怀，主要是指追求人生真谛的理性态度，即关怀人生价值的实现、人的自由与平等，以及人与社会、人与自然之间的和谐。

要正确理解、认真对待人文精神和科学精神的关系，二者并非完全对立。科学精神以求真、求实、求效率为特征，它主要涉及人生存发展的手段和途径、客观改造自然的技能，它主要关注的是人与物的关系、人在这种关系中如何得到更好的生存发展。从这方面理解，科学精神更多的是一种工具性、手段性的态度。人文精神着重关注的是人生存发展的目的、意义、价值等"人类自身"的问题，对人的生存发展起着纲领性、指导性的作用。在对待这二者的关系时，我们应该看到本质上科学精神只是起辅助作用，人想要正确认识并有效地改造世界，使世界发生有利于人生存发展的变化，必须诉诸人文精神。

事实上，小学语文教师一直担负着培养学生人文精神的重要任务。在我国的教育体系中，更多的是通过语文课堂教学来潜移默化地培育学生的人文精神和人文素质。小学阶段培养学生人文精神的是第一个也是十分重要的部分。因此，小学语文教师应该注重自身人文精神的建设，才能在教育教学中取得更好的教育效果。

二、小学语文教师人文素养的培育途径

小学语文教师人文素养的培育途径可分为内在层面和外界因素两方面，具体如下（图2-2）。

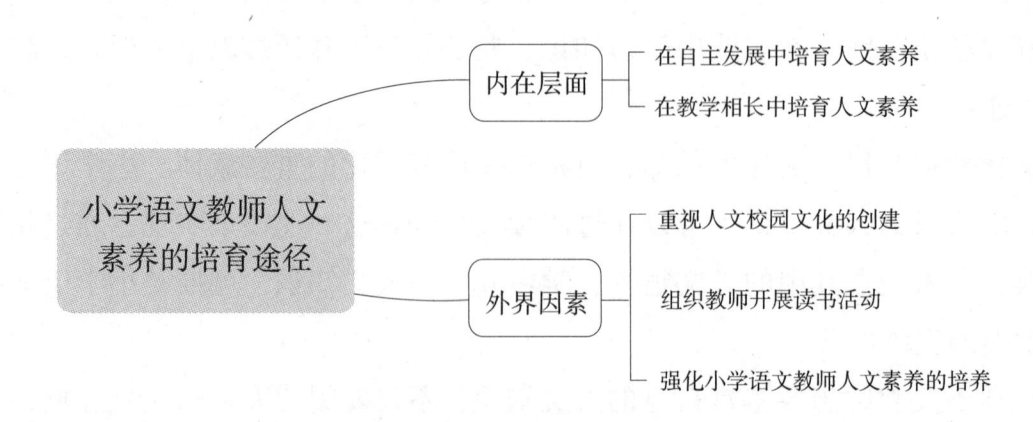

图2-2 小学语文教师人文素养的培育途径

（一）小学语文教师人文素养的培育的内在层面

所谓内在层面，就是教师从自身出发，加强自我学习、自我提升，从而推动个人人文素养的发展。

1.在自主发展中培育人文素养

当代教育倡导教师要积极、健康地生活，教师需要有自身的兴趣爱好，并以此促进自身人文素养的发展，以便更好地开展教育教学工作，做好学生人生路上的"领路人"。教师拥有积极健康的兴趣爱好，可以为其拓宽视野、陶冶情操。健康的兴趣爱好可以调动一个人无限的激情，让生活充满活力，所以其具有舒缓压力、稳定情绪的作用。所谓"物以类聚，人以群分"，我们还可以通过兴趣爱好找到志趣相投之人，在交流和互助中携手共进。当一个人在某方面获取的知识技能累积到一定程度时，它会化为特长，成为可以使人自信的源泉。例如，一个人喜爱唱歌，就可以通过歌声缓解生活压力，还可以参与一些唱歌比赛，在比赛中不断提升自己的歌唱能力，并结识志同道合的朋友。作为一名教师，其对于自身兴趣爱好的热情也可以感染学生，从而提升教师的个人魅力，令学生对他钦佩不已。因此，作为新时代的小学语文教师，应在课余努力培养出自己的兴趣爱好实现自主发展，比如打球、练字、下棋、画画……甚至研究美食。健康向上的兴趣爱好可以激发人们对生活的热爱及对自我的肯定，增强人的自信，给人带来快乐；更重要的是通过健康向上的兴趣爱好培养教师自身的人文素养，推动语文教师获得更好发展。

2.在教学相长中培育人文素养

小学语文课程中蕴含着浓厚的人文性，因此我国加强学生的人文教育，通常以语文课程为载体。加强学生的人文教育，就要在小学语文教学中对学生进行引导，让学生在学习语文知识的同时，学会如何做事、做人。想要在道德品质优化中促进学生全面发展，就需要教师利用语文课程涵养自身的人文素养，实现教学相长，以便更好地开展学生的人文教育。

首先，深入解读文本，在教材解读中凸显人文情怀。小学语文教材中的每篇课文都是精挑细选出来的，教材中的内容不仅承载着具体的知识，也蕴含着为人处世的道理。通过学习，可以促使学生形成正确的人生观、价值观。如教学《小猴子下山》这篇课文时，教师教育学生做事要目标明确，不可轻易喜新厌旧；通过学习《文具的家》这篇课文，则可以告诉学生要爱护学习用品，养成保管好学习用品的好习惯。这些课文中蕴含的人文教育思想，需要教师在课堂教学中进行渗透。

其次，凸显学生课堂主体地位，在尊重、包容、激励中实现人文精神培养。学生是课堂学习的主人，教师应尊重学生课堂主体地位，灵活运用各种方法，促使学生积极主动地获取知识，实现教师和学生人文精神的共同提升。如在学习中充分给予学生自主学习的空间，包容学生的个体差异；对学习中表现好的学生毫不吝啬地赞扬，树立榜样，激发其产生更大的学习热情；对能力不足的学生要理解宽容，亲切鼓励，适时降低难度，给予其表现机会，让其找回自信，努力学习。"弟子不必不如师"，教师有时要放低姿态，开阔教学视野，才能促进师生间的交流共享。如教学《棉花姑娘》一课，在学生了解文中不同的小动物可以捉不同的害虫后，教师适时进行拓展："你还知道哪些动物有益于我们，我们应该怎样对待它们？"如此，便把学习由课内引向课外。课间，教师可带着学生观察校园里的昆虫、动物，要求学生回家后，请家长带孩子走进自然或在网上收集相关资料了解更多动植物，这不仅能激起孩子们探索世界的兴趣，也能促使其树立人与自然和谐相处的观念。

最后，自主开发课程资源，开展相关文化活动，践行人文思想教育，推动学生发展，涵养教师自身。为了激发学生爱党爱国的热情，学校可以加强相关文化活动的开展，例如，书画展、经典诵读、文艺汇演等。每一次活动的开展都可以激起师生新一轮的学习热。从学党史、选教材到指导学生，在这一过程中，师生的爱党爱国情怀得以充分抒发。每年的传统节日、节假日等，教师也可以将此作为对学生进行思想政治教育的极好素材。如学雷锋活动月、清明节、劳动节……为了抓住机会对学生进行思想政治教育，小学语文教师可以通过各种途径查阅相关资料，再把精准要义传授给学生。在此过程中，教师的个人视野得以拓展，思想境界得以提升，教育境界得以升华。教师需以最新的课程标准为指导，通过各种途径提升学生的综合素养，教师本身也能在"传道授业解惑"的过程中，涵养自身人文素养，真正实现教学相长。

（二）小学语文教师人文素养培育的外界因素

所谓外界因素就是学校方面要通过积极构建良好的校园文化环境，加强校园人文文化的建设，积极开展特色文化活动等，来加强教师人文素养的培育。

1. 重视人文校园文化的构建

学校是教师开展教育教学工作的主要阵地，同时也是教师和学生的精神家园，良好的校园氛围可以对教师以及学生的思想形成积极正面的影响，推动全校师生获得更加长远的发展。加强小学语文教师的人文素养培育，也可通过创建人文校园文化来实现，学校的人文精神能够对教师的人文素养内涵起到熏陶作用，所以校方一定要注重打造人文校园、文明校园、绿色校园，不仅可以提升全校教师的人文精神，还可有效夯实学校文化底蕴，推动学校获得可持续发展。[①]

（1）精心设计，营造校园文化环境。学校管理层的办校理念、教育理念、管理理念必须紧随时代发展而变化，科学、先进的理念可以为办校实践提供指引，进而确保学校可以在时代变迁中顺应时势、蓬勃发展。现代教育理念强调"以人为本"，校方一定要注重贯彻这一教学指导思想，营造宽松、和谐、民主的校园环境，并精心设计，将良好的校园文化渗透到物化的环境之中，从而起到启发人、感染人、培养人的作用。良好的校园文化环境可以有效强化全校教师内在的精神特质，促使教师的道德品质、文化素养得以发展和进步，促使学校保持蓬勃向上、青春洋溢的精神面貌。想要将校园精神物化到环境中，可以从这几个方面入手：首先，校园的环境风格，学校管理层要注重营造良好的校园环境，充分利用校园内的建筑设置、自然景观等，打造个性化的校园环境，可有效营造富有精神内涵的校园环境；其次，学校的历史，每一间学校都有其自身的历史，可以通过校园内的雕塑、碑刻等充分展现学校的悠久历史，以供全校教师更好、更深入地了解学校的精神文化和历史；最后，现代精神的融入，进行校园环境建设，不仅要体现本校的历史和优秀传统，还要注重融入现代精神文明，可以运用现代感、科技感较强的雕塑或者标志物布置校园环境。教师处于这样的校园环境中工作和学习，可以生出勇攀科学高峰的斗志，推动教师不断刻苦、努力奋进，促进教师人文素养的培育。

（2）彰显品牌，开展特色文化活动。打造良好校园文化环境，不仅需要充分利用建筑、雕塑等"静止"事物，还要让校园环境"活"起来、"动"起来。加强校园文化活动的开展，对于人文校园的构建也具有显著作用。通过组织丰富多彩

---

① 彭秋云. 小学语文教师人文素养的形成和发展研究[J]. 才智，2019（7）：54.

的校园文化活动，可激发全校师生的参与积极性，充分挖掘师生自身多项潜能，师生在文化活动中展现自我，可有效促使师生的人文素养得到提升，还可促使师生运用科学知识解决问题的综合实践能力以及创新能力、创造力得到提高。特色文化活动的开展可以有效实现育人环境的优化，改善全校师生的审美情趣，打造学校健康、积极、活泼的精神面貌。学校组织多样化的校园文化活动，教师应积极参与其中，充分利用一切可以利用的实践进行自我充电，以期在自身专业领域获得更大成就；另外，应鼓励全校师生一同参加，教师在活动中会更加关注自身整体素质水平，也会对自身的人文素养提出更高的要求和标准，并不断进行自我学习和自我提升。对此，学校可以邀请教育专家、文化学者等到学校开展讲座或者学术研讨会，让教师了解和掌握更多先进的教育教学理念。学校还可以组织教师群体的特色文化活动，如经典诵读活动，鼓励全体教职工积极参与，通过诵读经典、品味传统文化，使心灵得到浸润、思想得到熏陶，推动教师的审美情趣、道德情操获得提升；也可组织特色的文化娱乐活动，如音乐鉴赏会、书法展览、摄影比赛等。多样化的文化活动可以充实教师的校园生活，使其养成积极向上的生活方式，丰富教师的精神世界，提升教师的人文魅力，培育教师的人文素养。

2.组织教师开展读书活动

小学语文教学中，阅读教学一直都是重点，也是难点。加强小学生阅读教学指导，促使学生养成终身阅读意识，对于学生的发展意义重大。同样，阅读也是教师必须养成的习惯。阅读是精神的呼吸，是心灵的旅行，是前进的桥梁。如果教师没有阅读习惯，那么其自身发展、教育工作的开展就会变成空中楼阁。加强教师人文素养的培育，可以从组织教师开展读书活动入手。首先，学校可以为教师提供阅读书单。阅读书单的建立，需要结合当前教育事业发展趋势、时代发展趋势来决定，要通过阅读改善教师的知识结构，推动教师发展。书单中的书籍要涉及教师自身的专业知识、教育知识、心理知识、教育管理等多个领域。其次，学校可以为教师设立专门的阅读室。良好的阅读环境对于阅读状态、阅读情绪都可以起到积极的作用，所以学校可以为教师专门设立开放的、安静的阅读室，还可聘请相关专家，定期到学校为教师提供导读、参考、咨询等服务。最后，鼓励教师书写阅读笔记。将阅读过程中的所想所感进行记录，这样可以不断加深教师对于文本内容的理解程度，并促使教师形成不断思考探索的习惯，积累丰富的知识和经验，促使教师的理论素养获得改善，推动教师的人文素养获得进一步提升。

3.强化小学语文教师人文素养的培养

由于小学生的年龄较小，生活阅历少，自然在知识储备方面远远低于教师。因此，在学校期间，教师要做好学生生活和学习的引导者、领路人，通过言传身教的形式加强学生人文素养的培养。为更好地落实学生的人文素养培养工作，学校方面就要注重加强小学语文教师的人文素养建设，率先提升教师的人文素养，要求教师在日常工作和生活中严格要求自身，为学生做好良好的示范。

（1）加强教师对文化知识的学习。青少年是祖国的花朵、未来与希望，尤其是小学阶段的学生，正处于思想和能力发展的关键时期，教师担负着培养学生的责任，这是祖国、社会以及家长赋予教师的神圣使命。因此，学校方面要注重引导教师不断丰富自身的文化知识。作为人类灵魂的工程师，教师要注重自身的全方面发展，才能在生活上为学生进行引领，在教学中为学生答疑解惑，做好教书育人的工作。"学高为师"，拥有扎实的语文知识基础，是做好一名合格语文教师的前提。学校方面要注重制定完善的奖惩机制，对教师加以引导和督促，要确保教师具备足够的教育教学相关知识，包括教育心理学、班级管理知识等；另外还要具备其他方面的知识，如伦理学、社会学、哲学等。教学理念的更新迭代、知识的积累都离不开学习，所以学校要鼓励小学语文教师注重自我充电。教师可以选择阅读大量优秀文化书籍、积极参与相关培训、与相关专家和先进教师加强交流，积累知识，博大视野，以此传道、授业、解惑，并且激励学生，促使学生养成不断学习、终身学习的意识。[1]

（2）促进教师人格魅力的提升。"身正为师"，作为一名优秀的教师，除了必须具备丰富的学识之外，还要拥有高尚的品格，从而以身示范，推动学生获得全面和谐的发展。小学语文教师通过利用语文课程的天然优势，学习优秀传统文化，提高自身的人格修养，增加自身的文化底蕴，这也是开展高质量教学工作的基础。因此，学校方面要注重加强对教师的引导和监督，鼓励教师不断提升自身的人格魅力，在生活和教学中注意自身的言谈举止，为全体学生树立良好典范。小学阶段正是学生习惯和品格养成的黄金时期，会对学生的终身发展造成直接影响。小学生善于模仿，这是学生的特点，教师往往是学生学习和模仿的对象，学生会下

---

[1] 肖振宇，乔芳菲.高师院校培养学生人文素养的探讨[J].教育探索，2011（10）：77-78.

意识地模仿教师的行为举止，因此小学阶段教师自身品质对于学生的影响十分关键。学校管理层要明确认识到这一点，加强对全体教师的管理和监督，要求其在工作中以身作则，展现自身人格魅力，对学生的行为和思想形成正面影响。同时，教师拥有高尚品质，才能让学生从心底信服，从而跟随教师脚步，形成高尚的思想和人格。

第三节 小学语文教学中学生人文素养的培育

一、小学生人文素养形成的特点

人文素养包括人文知识修养和人文精神修养，小学生人文素养的培养就是要兼顾这两个方面。人文知识修养主要是通过学习人类文化知识获得；人文精神修养则通过人文知识的学习，培养积极的人生观、价值观和道德观，从而塑造完美人格。受年龄特征的制约，在认知水平上，小学生具有感知观察的无意性，思维的具体形象性，道德认识和评价的肤浅性，以及道德言行的不一致性；在情感意志上，小学生具有情绪的外露、易变、不稳定性，缺乏自制力，需要外力监督；在自我意识上，小学生具有自我评价的片面性、易变性，自我监控的薄弱性等特点。小学生的这些特点使其人文素养的形成不同于中学生、大学生，有其自身的特点。一般而言，小学生人文素养的形成表现出如下特点。

（一）掌握初步的文化知识是人文素养形成的基础

之所以在这里提到的是文化知识，而不是人文知识，是因为在小学阶段的学生接受的所有知识讲解的目的，都是为后续深度学习和发展夯实基础，所以学生接受的知识较为浅显易懂，符合小学阶段学生的学习能力。小学生接受的知识教育应当是全面的，要涉及多个学科，包括语文、数学、美术、音乐、体育等。小学阶段是学生接受学校教育的初始阶段，学生还不确定未来将从事何种职业，学校难以开设定向培养课程，所以小学阶段的学生应接受全学科的教育，为学生将来在专业领域的深度发展夯实基础。小学阶段学生接受的文化知识具有综合性强的特点，例如，认识家庭、社会、邻居等，了解交通和通讯情况，感受人与动物之间的和谐共生等，这部分内容都是学生人文素养提升的重要知识基础。值得注意的是，教师在应对小学生学习能力的现实教学时，要注意点到即止，如果讲解的知识难度过大，学生则无法理解，这样会影响学生的学习兴趣和学习积极性，不利于学生的后续发展。

（二）懂得做人的基本道理是塑造人文精神的前提

塑造小学生的现代人文精神，是展开人文教育的最终目的，通过对小学阶段的学生进行人文教育，帮助其树立正确的世界观、人生观、价值观、审美观等才是最终追求。想要培养学生的观念，就需要引导学生加强学习与社会实践。一般来说，要理解做人的基本原则，主要包括四个方面。

（1）善待自己。它强调人们要有自尊心和自信心，要有初步的自律和自我保护意识。

（2）善待他人。尊重父母、长辈、老师，友好同学，对他人持开放态度，理解、容忍和帮助他人。

（3）关心社会。要理解人的成长离不开社会，尊重他人的劳动成果，欣赏他人的贡献。关心学校群体和社区，关注国家的发展和世界大事，已初步成为社会服务的责任感。

（4）热爱大自然。初步了解人与自然之间相互依赖的关系。热爱大自然中所有的植物和树木，懂得保护环境。热爱科学，形成科学事业而奋斗的抱负。

（三）学会必要的处事能力是人文素养的行为表现

学生的个性品质是由多个方面组成的，能力就是其中十分重要的组成部分。受到传统教育观念影响，很多学校和教师对于学生个人能力的发展不甚重视，导致学生出现高分低能的现象。而加强学生的人文教育，即可有效改善这一现象。在教育教学中不仅要为学生传递丰富的文化知识，还要注重培养学生的多项能力，推动学生的全面发展。小学阶段需要培养学生的个人能力，包括人际交往能力、自学能力、审美能力等。值得注意的是，能力的培养与知识的教学不可分割，两者是相辅相成的关系。通过学习文化知识，促使学生形成正确的价值观念，进而推动学生个人能力获得全面发展，可有效提升小学生的人文素养。

综上所述，小学阶段是学生接受学校教育的初始阶段，也是学生思想和能力养成的黄金时期。因此，社会各界十分关注小学生的人文教育。学校开展学生的人文教育，具有很强的可操作性。学校与教师要致力通过多种可行性的科学方法加强学生的人文教育，从而为学生的终身发展奠定基础。

二、培养学生人文素养的现实意义

人文素质的重要性已经引起越来越多的人关注。尤其在一些经济发展迅速的国家和地区，人们越来越强调人文精神、文化素质的重要性。这表明，任何一个繁盛的国家和民族，在经济发展过程中，都在努力维护和发扬其优秀的传统文化，学习其他国家的优秀文化成果。注重经济发展与人类道德、伦理和精神的协调，这已成为教育改革的共同趋势。

（一）培养学生的人文素养是我国社会发展和社会主义精神文明建设的需要

改革开放给中国的社会经济发展带来了巨大的活力。中国经济建设取得了举世瞩目的成就，这是公认的事实。然而，如果一个国家只有经济成就，它是无法获得世界认可的。一个国家在一定时期内可能是世界一流的经济强国，但如果它不能对人类的精神文明做出重大贡献，它将像稍纵即逝的火花，在人类历史上不会有太重的地位。在评估一个国家的综合国力时，许多科学家非常重视人道主义教育和国民素质。因此，为了更好地推动社会主义现代化发展，必须要注重建设和发展繁荣的文化。21世纪，中国不仅要成为经济强国，还要加强文化建设，为人类文明的发展做出必要的贡献。建设中国特色社会主义文化，发展教育是基础。其中，加强文化素养教育是文化建设和精神文明建设中重要的环节。因此，中国社会发展迫切需要提高人道主义素质。它对增强我国综合国力，加强社会主义精神文明建设，提高国家和民族在世界上的地位具有十分重要的作用。

教育的目的一方面是实现学生个人的成长与发展，实现学生的个人价值；另一方面是培养社会所需要的人才。为了促进我国社会高质量发展，为了实现社会主义精神文明建设宏伟蓝图，中国必须培养专业的人才，中国要由年轻人来建设，学生是中国未来的栋梁之材，学生正处于身心发展的关键期，因此，促进我国社会发展和社会主义精神文明建设，要从培养学生开始，要从培养学生的人文素养做起。

（二）人文素养国际化卓越人才培养的关键因素

如今的世界格局、国际秩序和人类文化正发生深刻而重大变化，中华民族崛起的大国地位和大国责任越来越突出。这是世界历史发展的重大时刻，更是实现中华民族伟大复兴的中国梦的历史机遇。把握好这个历史机遇，发挥好中华民族对人类历史发展的积极作用，需要大量国际化的卓越人才。就人才的培养目标来说，丰厚的人文素养和情怀是培养新时代国际化卓越人才的关键因素之一。不仅仅要培养学生成为专业领域的精英，更要重视学生对中华传统、中国国情与世界发展的认知与学习，培养具有家国情怀和社会责任感的高层次人才。引导学生阅读东西方经典人文与科学著作，使学生在课堂学习之外，对中华传统文化、世界文明、中国国情与世界发展能够有更加全面和深刻的认识，使学生具有良好的人文精神与社会责任感。

（三）提升学生的人文素养是推进素质教育的重中之重

全面推进素质教育是当前和今后一个时期中国教育改革的大方向。2019年，中共中央、国务院印发《关于深化教育教学改革全面提高意图教育质量的意见》，从德育、智育、体育、劳育、美育五个方面指出了全面发展素质教育的培养方针，具有深远的历史和教育意义。全面推进素质教育，就是强调学生的全面发展和主动发展，提高学生的综合素质。在综合素质中，人文素质是重要的组成部分。在应试教育模式下，人文素质往往被忽视，严重影响了高素质人才的培养。全面推进素质教育，就是要打破应试教育的不利影响。在促进学生掌握科学文化知识和技能的同时，还要加强对学生的人生观、道德观和审美观的教育，培养其健全的人格。

（四）市场经济加速发展要求学生提升人文素养

我国经济体制改革的目标是建立社会主义市场经济，因此需要大量的现代化人才，这也就对我国学校的培养措施、培养方法提出了更多现代化的要求，即学校培养出来的各类学生要适应社会主义现代化建设的需要。

在市场经济下，要注重对学生社会责任感和事业心的教育，以及竞争意识、开拓精神、创造能力的培养；要注意知识和能力的结构，从而培养复合型、智能型、外向型的人才。可以说在市场经济环境下，对人才的要求更高了，特别是对其思想道德素质的要求。为什么市场经济环境对人的道德素质要求提高了呢？这是因为市场经济的非指令性，要求人们必须有高度的自觉性、自律性，市场经济不像计划经济那样对人们的思想、行为有很多的限制。市场经济的开放性，要求人们必须有较高的思想觉悟、理论修养，能够识别、抵制形形色色的腐朽反动的东西。市场经济的竞争性，要求人们必须有敏锐的头脑，具备勇于进取、敢于挑战的精神，必须具有良好的职业道德和心理品质。市场经济的协调性，要求人们必须有较强的交际能力、公关能力，学会与各种人打交道，具备与各种人相处的能力。市场经济的制约性，要求人们必须有高度的法治观念，养成知法、护法、守法、执法的习惯，自觉地维系社会和市场经济正常、健康运转。因此，由于经济体制的改革，市场经济对学生的素质提出了更高的要求，也只有加强素质教育，全面提高学生的人文素养，才能适应市场经济发展的需要。

三、小学生人文素养培养的作用

小学这一阶段，人们处于童年时期，这一时期在人们的心目中是美丽的。在人的一生中，这是一个非常纯洁和天真的时期，是一个充满活力、无忧无虑的时期，人们对于童年的记忆总是温暖而有趣的。小学是人生发展的主要时期，这主要指两个方面：一方面，小学是人一生必须经历的主要时期；另一方面，小学也是一个为个人生活发展奠定基础的时期。

从小学是社会人才发展的主要时期的观点来看，小学阶段的孩子第一次进入一个更为广泛的特殊社会环境——学校。在学校，小学生应努力学习不同的科学文化知识与技能，发展不同的能力，为未来的发展奠定基础。在这个阶段，除了培养学生的基本知识和技能外，更重要的是教师和家长有责任帮助孩子协调个人和集体之间的关系、个人与个人之间的关系以及个人发展。例如，培养孩子的责任心，让孩子学会对班级负责、对同学负责、对自己负责，人们在小学培养起来的最初的责任心是其将来社会责任感发展的基础；培养孩子的爱心，让孩子学会善待他人、关心社会、热爱自然，最初的爱心是将来亲社会行为发展的基础；培养孩子的自信心、自尊心、自律能力是将来积极人生观形成的基础。此阶段如果忽视学生人文素养的培养，将来为社会输送的就不是高质量的人才，而可能是缺乏人性的技能"机器"。

从小学这一阶段是个体生命发展的主要时期的观点来看，一般认为青少年晚期（17～18岁）是人生观形成的主要时期，小学是个人人生观、价值观和人格发展的黄金时期。如果我们能为小学生在现阶段形成积极和富有成效的生活态度打下坚实的基础，将来孩子们就能勇敢地面对生活中可能会遇到的困难与挫折。因为积极的生活态度可以帮助人们克服许多困难，使人们拥有勇气、希望、力量和智慧。从小学开始就重视人文素质的培养，这是对个人发展十分有价值的贡献。

四、小学语文教学中学生人文素养的培养途径

小学语文教学中，学生人文素养的培养途径有以下几点（图2-3）。

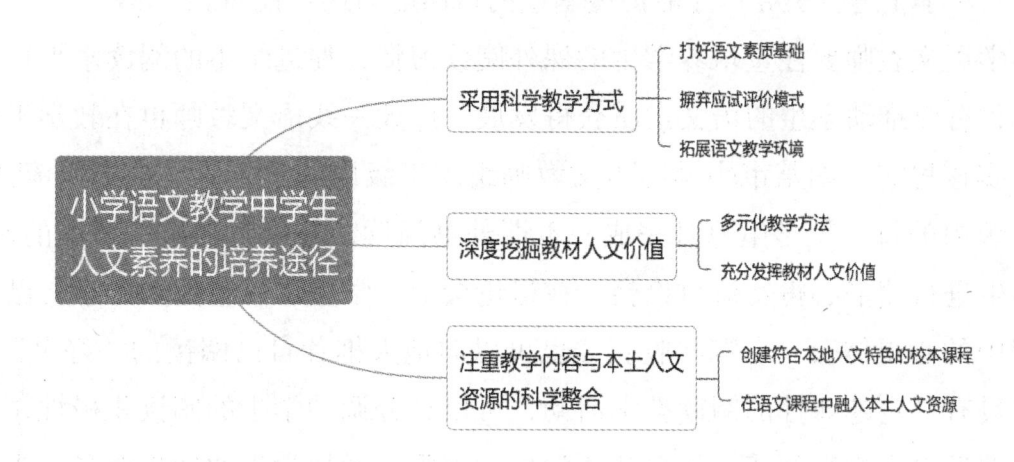

图2-3 小学语文教学中学生人文素养的培养途径

（一）采用科学教学方式

时代不断发展，教育界的指导理念也在不断变化，只有做到与时俱进，开展科学教学活动，才能促使学生掌握更多适应现代社会发展需求的能力，从而确保学生将来可以更好地立足于社会。

1. 打好语文素质基础

基于素质教育背景，展开小学阶段的语文教学，要注重培养学生的语文素质，而语文素质正是文化素质的基础。小学语文教学内容涉及多个方面，包含阅读、口语表达、写作、文化鉴赏、文化修养、审美情趣等方面，其中，阅读是最基础的内容之一。通过阅读，可以打开学生视野，让学生对自然、社会、世界有更多的了解与认识，不仅可以增长学生的见识，还可以锻炼学生的逻辑思维能力，所以加强对小学生阅读理解能力的培养是十分关键的。对学生进行阅读培训，要引导学生吸取阅读文本中的精华，熏陶学生的心灵，促使学生的审美素养获得发展。写作是阅读的下一个阶段，通过写作，学生可以运用自己的语言以及自身独特的

表达方式展现内心的情感；通过写作，可以促使学生的语言运用能力得到提高，让学生在与他人交流的过程中获得更多自信。写作最基本的作用就是表达自我想法，而表达自我最基本的要求就是原创性，所以教师要引导学生多运用自己的语言进行文章写作，对于摘抄的名人佳句、引用的典故等要清楚其出处，这样既能让学生重视对经典的学习，还能促使学生形成自身独特的写作风格。口语表达能力的训练要渗透在日常教学中，需要一个长期的、循序渐进的过程。教师要有足够的耐心对学生进行引导，才能促使学生的口语能力逐步提高。

  小学语文教师要注重培养学生的课外阅读习惯，促进学生的阅读水平得到有效提高，有效推动学生的语文素质获得发展。广大一线语文教师也在教学工作中积极落实该思想，如某市小学的语文教师组织班级内的学生开展读书交流活动，要求班级内的每一位学生每月完成一本课外书阅读，并每月抽出一节课的时间，组织学生进行读书心得交流讨论会。在讨论会上，学生可以给他人分享自己在阅读过程中的心得体会，有哪些收获，也可以向他人推荐自己阅读的"好书"。通过组织具有一定趣味性的阅读教学活动，可以充分调动学生的阅读积极性，促使学生在课后自主进行阅读，从而开拓学生的视野，增加学生的知识储备，这是提升学生语文素养的有效途径。除此之外，教师在课堂教学过程中也要注重增加阅读的比重，并注重提高学生的课堂主体地位，这也是可以有效提升学生语文素养的科学方式。例如，在课堂中进行古诗词教学时，教师要下意识地培养学生的阅读能力，可以采取"三读"的方式来进行。所谓"三读"阅读法，即让学生将古诗词读三遍，第一遍，掌握古诗词中所有字词的正确读音；第二遍，掌握古诗词的韵律；第三遍，了解古诗词的大意。教师要清楚，加强对学生阅读理解能力的培养，正是推动学生人文素养良好发展的有效途径。

  2. 多元化教学方法

  传统小学语文课堂中的教学方式单一，以"教师讲，学生听"为主，课堂气氛沉闷，难以有效提高学生的学习积极性，久而久之甚至会导致学生出现厌学心理。因此，想要改善教学质量，首先需要突破传统教学模式的禁锢，结合教学内容，灵活运用多种教学方法展开教学活动，并且要注重理论教学与实践教学相结合。学习不仅是在课堂上，教师还可以带领学生走出教室，积极开发"第二课堂"，这样不仅能够有效促使学生的学习积极性得到提升，还能有效锻炼学生的综合实践能力，促使学生的人文素养得到提高。通过积极开展实践教学活动，可以让学生通过亲身体验收获知识，加深感悟，实现"以知促情，融情于知"。学生是有思想的独立个体，在学习的过程中会有自身的心理活动，并且其心理活动会外化于情绪与情感方面，导致学生出现积极或者消极的行为。例如，学生学习了某一篇介绍植物生长过程的文章，而对该植物产生了浓厚的探究兴趣，教师可以抓住这一机会开展实践教学，要求学生亲手种植一棵植物，并为植物书写生长日记。通过这样的实践教学活动，可以有效激增学生的学习积极性，让学生在实践中对所学知识产生更加深刻的理解和感悟，还可以有效强化对学生的情感教育等。

3. 摒弃应试评价模式

不同时期的教学指导理念是不同的，教学理念是随着社会发展和人们自身发展需求的变化而动态变化的。如今，遵照应试教育思想展开教育教学活动，培养出的学生已经无法满足现代社会的发展需求，学生难以更好地立足于社会，并且应试教育违背教学的科学规律，不利于学生自身获得全面综合发展。调查发现，如今很多小学语文教师的"应试教育"思想根深蒂固，在教学工作中只注重学生的考试成绩和升学率，对于学生能力、思维和素质的发展关注程度不足；或者部分教师虽然明确了素质教育理念的重要性，但是难以通过科学合理的教学方式将其在工作中落实。语文课程学习过程中的一大特点即对外界事物的感知与体会，因此，在小学语文教学中要摒弃应试评价模式，提高教学评价的互动性和开放性，在传统教学评价中加入学生互评、学生自评以及师生互评，这样可以让教学评价变得更加科学、客观、全面，让评价结果更具参考价值。多元化的教学评价也是可以有效提高语文课程教学人文性的方式。例如，某一小学语文教师为了培养学生良好的学习习惯，特别制定了一份多元化评价表（表2-1），表中的内容涉及学习过程和学习结果，这样可以实现对学生的全面评价。通过对表中设计内容进行打分，可以对学生的语文素养进行综合测评，促使学生在日常学习中重视自身习惯和能力的养成，对学生的长远发展产生积极影响。

表2-1　某小学过程性评价标准

评价项目	评价标准	小计
写字	书写姿势规范、字体大小均匀、卷面干净整洁	20
口语交际	积极讨论、措辞准确、逻辑清晰、语气得体	15
课堂表现	思维活跃、积极讨论、探究意识强、善于合作	20
朗读	发音正确、口齿清晰、阅读流利、声情并茂	15
作业	内容完整、按时上交、字迹工整、页面整洁	30
总分		100

4.拓展语文教学环境

现代教育理念注重语文教学环境的拓展。作为新时代的小学语文教师，不可将语文当作一门简单的学科进行教学。汉语是学生的母语，所以进行语文教学，教师要注重加强母语教学，并充分利用天然的语言环境。语感对于语言教学十分重要，所以教师应充分利用语言环境帮助学生提升语感，进而推动学生的语文素养获得更好发展。在学生的生活中，语文无处不在，教师要充分利用这一优势，在课堂中积极组织学生进行古诗词或者课文的朗读，利用学校广播时间为学生播放优秀读物的节选音频，在教室内设置"读书角"等，这些方式都可以充分发挥环境优势对学生进行熏陶，促使学生的语感得到提升，改善学生语文听说能力，促使学生的人文素养获得发展。如今我国已经进入信息化时代，现代化教学设备已经在全国中小学校内普及，教师要注重提高自身的信息化素养，在课堂中充分运用先进技术为学生营造身临其境般的学习环境，这样不仅能有效拓宽学生的视野，还能落实语文课程的人文教学工作，推动学生的人文素养获得良好发展。

(二)深入挖掘教材人文价值

为更好地落实现代教育理念，我国小学语文教材也做出了相应改变，各个版本的教材在编写时，编撰者都充分考虑了小学阶段学生身心发展的特点，教材中的内容都可以作为滋养学生"茁壮成长"的精神养料。展开小学语文教学，教师要改变传统的、一成不变的教学模式，开展多元化的灵活教学，深入挖掘教材的人文底蕴，推动学生的人文素养得以良好发展。

教材编撰者在进行语文教材编写时，深度探究了现代教育指导思想，并充分结合了小学生的认知规律，在教材中收录了大量优秀的文学作品。语文教师展开教学活动要注重深入挖掘教材的人文价值并充分利用，促使小学生的人文素养全面提升。通过对汉字的书写和释义，可以让学习者对汉字的文化内涵有深刻的了解；通过阅读文章，可以让学生从优秀文学作品中学习不同人物的高尚品质，了解各种文学，让学习中充分感受中华文化的博大精深；通过开展写作教学，可以帮助学生掌握利用文字表达自身感受的方式；通过组织学生进行口语练习，可以让学生学会使用语言与他人进行交流的方式和技巧；展开综合性教学，可以促使小学生的人文知识、人文精神、人文修养、人文气质和人文行为的全面和谐发展。在小学语文教学中注重加强学生的人文教育，要从语文基础知识入手，将人文知识渗透到日常教学过程中。因此，小学语文教师必须深入挖掘语文教材中的人文意蕴，并将人文内涵渗透到知识教学过程中，即教师应该转变传统纯学科教学的思维模式，在教学中将文学、历史、自然科学、艺术等方面的知识融入其中，丰富教学内容，促使学生的知识和技能得到提高，提升学生的情感体验，促使学生树立正确的思想价值观念。

例如，教师在带领学生学习《北京的春节》这篇课文时，可以结合课文内容为学生深度讲解与"春节"相关的知识，如春节时我国民间传统的习俗贴春联、剪窗花、包饺子、放爆竹等，教师可以利用多媒体教学设备以图片、视频等形式为学生进行展示。精致的窗花、喜气洋洋的春联都会对学生的视觉造成直接冲击，这样可以快速抓住学生的眼球，调动学生的课堂参与积极性。通过这样的教学方式，让学生在愉悦的课堂氛围中提高口语能力，丰富学生的传统文化知识，实现人文教育与语文教学的有机融合。

对于学生学习科目的设定，是教育专家结合学生的感知、知识结构、发展方向和认知规律等多个方面，经过多年研究和实践所得出的权威结论。[1] 因此，语文教师将多种教学资源进行整合，可以发挥更大的教学价值，推动学生获得更好发展。

（三）整合教学内容与本土人文资源

语文课程教学与本土人文资源的有机融合有利于学生人文素养的培养。语文教师可以从创建符合本地人文特征的校本课程以及在语文课堂中融入本土人文资

---

[1] 罗红霞. 小学语文教学中如何培养学生的人文素养[J]. 天津教育，2022（15）：186-188.

源两个方面入手（图 2-4）。

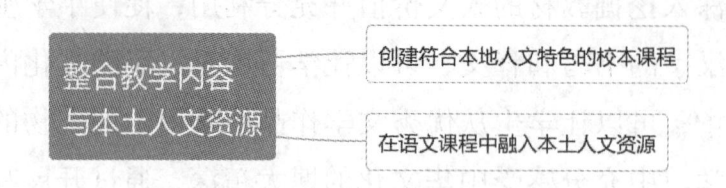

图 2-4　整合教学内容和本土人文资源

1. 创建符合本地人文特色的校本课程

我国领土广阔，各个地区经济水平和教育水平的发展不均衡，若使用全国统一的教材以及课程标准，很可能与当地的教育水平不相符，难以有效推动当地学生的人文素养发展。因此，小学语文教师要注重结合当地的经济文化条件、地域特色，以及学生特点，创建符合本地人文资源特点的校本课程，从而使学生的人文素养获得良好发展。[1]

以某小学为例，该校语文教研组为加强学生人文素养的培养，积极组织学术研讨会，结合当地历史建筑开发了校本实践课程，成功实现了历史与校园课程的结合，将教学与生活进行了关联。学生在参与实践学习活动的过程中，既可以进行知识的学习，又可以加深对家乡的认识与了解；不仅可以增加生活体验，还可以激发热爱家乡的情感。将当地历史融入校本课程，可有效增加学生的历史底蕴，提高学生的创新能力，最终实现推动学生人文素养发展的目的。

2. 在语文课程中融入本土人文资源

如今本土化成为世界文化发展的大趋势，其可以充分体现民族精神，也是民族文化的根基与源头。对学生进行人文素养的培养，要注重引导学生正确认识自身所处环境的人文价值，这有利于学生形成健全的文化人格。[2] 首先，在小学语文教学中，教师需要通过课程教学，激发学生对于祖国和家乡的热爱之情，这可以推动学生形成正确的人生观，养成雅致的文化品位；其次，在教学中融入本土人文资源，可以让学生亲身感受本土文化，从而激发学生对于本土文化的喜爱，让学生从本土文化中汲取丰富的养料，促进学生情操和文化修养的提升；最后，不管是在语文课堂中还是在实践学习活动中，教师都要注重引导学生加强合作与

---

[1] 蔡建芳. 校本课程在小学语文教学中的开发和实践 [J]. 新作文（语文教学研究），2018（12）：88.
[2] 刘鑫. 核心素养下小学语文人文素养的培养探究 [J]. 科学咨询（教育科研），2020（8）：156.

交流，促使学生之间形成和谐友好的关系。不同思维产生碰撞，不仅能促使学生的创新能力提高，还能促使学生在本土文化认同的过程中提升自信心，提升学生与他人进行交往的能力，有利于促使学生形成良好的人文气质以及正确的人文行为。[①]

[①] 张艺凡.洋县地域文化与小学语文地方课程资源的建设[D].汉中：陕西理工大学，2020.

第三章 小学语文识字课堂教学探讨

汉字文化是中华文化中最宝贵的一部分,是古代人们智慧的结晶,是中华民族精神的体现。小学生入学后,最先需要学习的就是认识汉字,掌握汉字的音、形、义,这是展开一切学习活动的基础。同时,开展识字教学,可以让学生感受民族的思想,体会民族的情感,从而促使学生传承和发扬民族文化。本章从小学语文识字课堂教学探讨,从识字课堂教学简述、不同阶段识字教学课堂实施以及识字课堂教学创新策略等方面进行了详细介绍。

第一节 小学语文识字课堂教学简述

一、小学语文识字教学的概念

所谓"识字教学",就是关于认识汉字的教学。教学的主要因素包含教师、学生、课程内容,以及教学方法。开展识字教学,就是教师将汉字的字音、字形、字义,以及正确的书写方式传授给学生的活动。识字教学的开展需要有良好的教学环境、优秀的识字教材、符合学生认知特点的教学方式以及教师和学生的共同配合。为提高识字教学效率,小学语文教师还要注重遵循识字教学原则以及其他相关的教学规律。可以说,识字教学是整个基础教育中不可或缺的一部分。

二、小学语文识字课堂教学的意义

小学语文识字课堂有以下几点意义（图 3-1）。

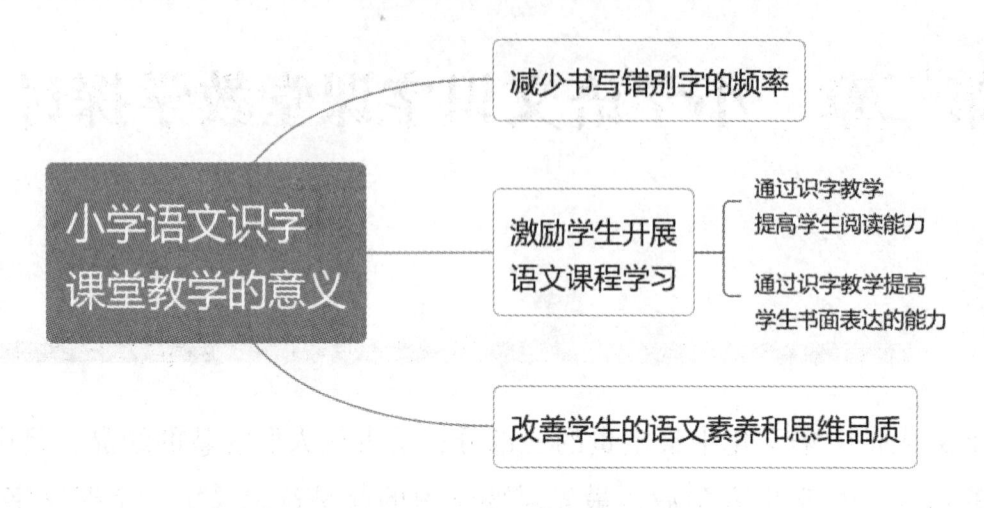

图 3-1 小学语文识字课堂教学的意义

认识汉字是展开阅读活动的前提。通过正确阅读文本，学生才能学习知识，学生的语文素养才能获得发展和提升，认识汉字才能推动学生智力和认知能力的发展。汉字文化是我国传统文化中的精华。汉字文化，可以有效推动学生的审美情趣获得发展，进而增强学生对祖国语言的热爱之情。因此，在小学阶段展开识字教学对于学生的发展可以起到深远的影响。[1]

（一）减少书写错别字的频率

人们进行书面表达时，难免会出现写错别字的情况。所谓错字，指的是写出字的笔画或者结构出现错误；而别字，指的就是本身是正确且存在的汉字，是与本该使用的、正确的汉字字形相近或者读音相同，但表达的意思完全不同。简单来说，错字指的是书写上的错误，别字指的是汉字运用方式的错误。举例说明，在书写"戈"这个汉字时多加一笔，就会变成一个不存在的字，即为错字；将"清"写成"请"，即为别字。

很多小学语文教师深受"错别字"的困扰，学生的作文或者作业中经常出现错别字，并且部分学生不能掌握汉字的正确书写方式，加重了教师的批阅任务。[2] 因此，加强小学生的识字教学，让学生掌握汉字的正确书写方式和运用方式，是

---

[1] 香去. 如何提高小学语文识字教学的课堂效率 [J]. 试题与研究，2021（26）：195-196.
[2] 陆怡. 小学生语文阅读过程中学习行为的研究 [D]. 上海：上海师范大学，2013.

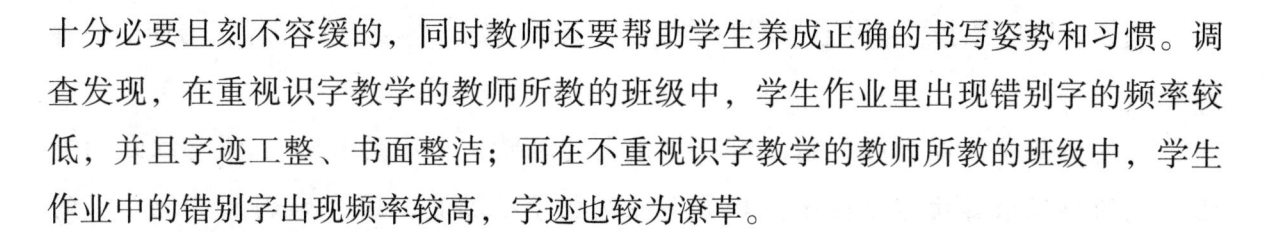

十分必要且刻不容缓的，同时教师还要帮助学生养成正确的书写姿势和习惯。调查发现，在重视识字教学的教师所教的班级中，学生作业里出现错别字的频率较低，并且字迹工整、书面整洁；而在不重视识字教学的教师所教的班级中，学生作业中的错别字出现频率较高，字迹也较为潦草。

（二）激励学生开展语文课程学习

1. 通过识字教学提高学生阅读能力

通过汉字的学习，学生掌握了汉字的读音、书写方式和意思，为后续的阅读和理解打下基础，有效提升了学生后续学习的积极性。小学低年级的学生掌握的汉字量较少，无法独立阅读自己感兴趣的读物，通常需要在阅读的过程中向父母或者教师求助，其实这也影响了学生的阅读效率。因此，展开识字教学可以让学生顺利掌握获取自己需要信息的能力，这样不仅能满足学生需求，还可以让学生获得极大的满足感。在学生进入中年级以后，掌握的汉字越来越多，学生在阅读自己感兴趣的书籍时会变得更加方便，学生在阅读中获得的乐趣可以有效激励学生积极展开语文以及其他各个科目的学习。

低年级的小学生由于识字量少，经常需要向教师提问其在课外阅读时遇到的陌生字词，询问字词的读音和含义。为了切实帮助学生解决问题，教师可以将使用工具书查询和学习生字生词的方法教授给学生，方便学生在进行课外阅读时可以第一时间解决遇到的问题。此后可以发现，向教师提问陌生字词的学生明显减少，并且进行课内知识学习时，很多新字新词对学生来说不再是"困难"，学生自主利用工具书进行学习，可以有效提高自身的课堂学习效率，学生的学习积极性和学习能力得到了明显改善。

2. 通过识字教学提高学生书面表达的能力

在小学阶段展开识字教学，学生不仅可以认识汉字的读音，还可以掌握汉字的含义以及该汉字的运用方式，所以展开识字教学，可以有效促使学生的书面表达能力得到提高。例如，学生进入三年级后开始接触写作，其掌握的汉字数量有限，进行写作时只能运用一些简单的字词表达自己的想法，并且有很多不会写的字词需要用拼音替代。进行识字教学就可以很好地帮助学生解决这一问题，让学生可以运用更准确恰当的字词来表达自己内心的想法和观念，从而促使学生的学习自信心得到提高。

例如，教师要求三年级上学期的学生以"我的妈妈"为题进行写作，写作的内容如下：

我的妈妈是圆圆的脸，脸上有一双很大的眼睛，小小的 bí 子，还有红红的嘴巴。我的妈妈很喜欢穿花裙子，我觉得她穿裙子很漂亮，因为妈妈很 shòu。我的妈妈很爱我，总是给我做很多好吃的，还会告诉我不认识的字怎么读，怎么写。我犯错了，妈妈就会很严肃，她会告诉我哪里做错了，再告诉我应该怎么做，gǔlì 我改正。如果我学习成绩好，妈妈就会很开心，赶 jǐn 给我买喜欢的零食，周末和 shǔ 假，妈妈还会带我出去玩。这就是我的妈妈，我也爱她。

从学生的作文中可以看出，由于学生的识字量较小，所以使用的语言较为简单。在进行完一个阶段的识字教学后，教师可以让学生再以同样的标题进行写作，此时学生的写作内容变成了这样的：

我的妈妈很爱我。妈妈圆圆的脸上有一双大眼睛，笑起来眼睛会像月亮一样弯弯的，很亲切。妈妈的鼻子微微 qiào 起，很是漂亮。妈妈的身材很苗条，夏天总是会穿花裙子。妈妈很辛苦，爸爸经常出差，所有的家务都是妈妈一个人做。妈妈很疼爱我，不仅照顾我的生活起居，还会陪伴我读书习字，为我解答疑惑。如果我学习取得进步，妈妈就会表扬我，如果我遇到挫折，妈妈就会鼓励我："没关系，好好努力，下次一定可以做得更好。"周末和暑假，妈妈会带我出门玩，了解这个世界，学习更多知识。我爱我的妈妈，是她的关心与呵护陪伴我长大。

通过对比分析可以看出，同样的作文题目，在进行完一个阶段的识字教学后，学生的书面表达能力得到了明显改善，可以使用更恰当的字词生动表述自己的想法，并且学生在作文中使用拼音的现象也明显减少。

（三）改善学生的语文素养和思维品质

识字教学是小学生阶段语文教学任务的组成部分，是提高学生语文能力的基础，也是推动学生语文素养发展的前提。识字是阅读和作文的基础，是第一学段的教学重点，也是贯穿整个义务教育阶段的重要教学内容。在学生进入小学以前接受的是口语训练，在进入小学学习知识后，学生开始学习汉字，为阅读和写作打基础。所以说正确认识汉字是阅读和写作的前提，对于学生的语言素养和思维品质发展具有重要意义。展开识字教学，可以让学生的识字量不断变大，进而提高学生的阅读能力和写作能力；展开识字教学的过程，教师带领学生了解汉字的发音，观察汉字的字形，分析汉字的不同运用方式，可以有效促使学生的观察能力和思维能力获得发展。因此可以说识字教学是提高学生认知能力的途径，对于提高学生的智力效果显著。此外，汉字是我国传统文化的重要组成部分，加强汉字教学，可以激发学生对祖国语言文字的热爱，提升学生的审美情趣。作为新时代的小学语文教师，要注重加强小学生的识字教学，让学生充分理解汉字的字音、字形、字义，为学生的阅读理解以及写作发展打好基础。

综上所述，展开识字教学，可以有效激励学生语文课程的学习，甚至是其他各门课程的学习。

三、小学语文识字课堂教学的新方法

《义务教育语文课程标准（2022年版）》中对于小学语文识字教学提出了更高要求，相关教育工作者要对识字教学的理念进行重新审视和理解，让小学语文识字教学以民族文化为根基，并遵循母语教育的规律，突显汉语言文字的特点，从而推动小学语文识字教学获得更好发展。为全面提升小学语文识字教学效率，教师展开教学活动可遵循以下三点识字课堂教学新方法（图3-2）。

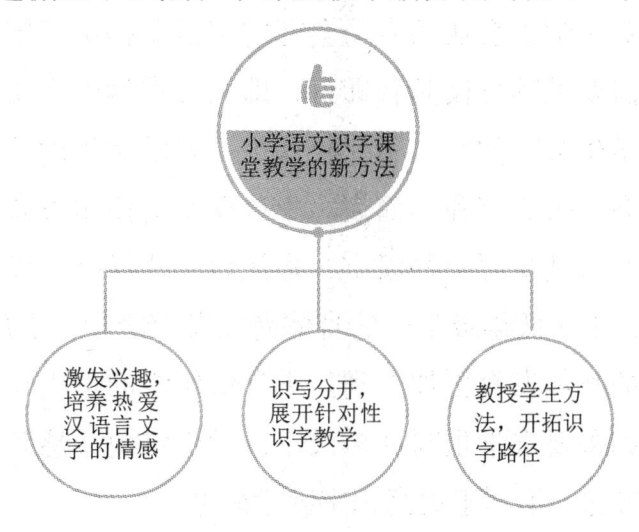

图3-2 小学语文识字课堂教学的新方法

（一）激发兴趣，培养热爱汉语言文字的情感

现代教育理念强调，展开语文课程教学，要从培养学生的学习兴趣入手，要确保学生对汉语言文字的学习充满浓厚的兴趣。明确的目标是展开高效教学的前提，所以教师要从情感、态度、学习习惯等多个方面，对不同学段的学生提出明确的目标。对于小学低年级的学生，教师要注重培养学生学习汉字的兴趣，激发

学生主动识字的意识，还要注重学生养成正确书写的姿势和习惯；对于小学中年级的学生，教师可以进一步加强学生对汉字学习兴趣的培养，并要求学生养成自主识字的习惯；对于小学高年级的学生，教师仍要注重加强学生识字兴趣和习惯的培养。由此可见，激发小学生对于识字的兴趣是十分关键的。

兴趣是学生进行学习活动的动力来源，只有激发学生浓厚的学习兴趣，才能促使学生积极自主地调动自身思维，投入学习活动中。在小学语文识字教学中，教师要注重培养学生对汉语言文字的兴趣，将识字兴趣的培养与培养学生热爱母语的情感进行融合。激增学生的爱国情感，是促使学生热爱汉字，积极开展汉字学习的有效途径。汉语言文字在国际舞台上独树一帜，是中华文化中的璀璨明珠，其具有表达完整、准确、活泼的特点。在小学阶段的识字教学中，教师要注重引导学生充分掌握汉字的构字规律，带领学生探索汉字的奥秘，从而促使学生爱上汉字、爱上语文，在识字教学中充分培养学生的兴趣，激发学生的情感。

（二）识写分开，展开针对性识字教学

在小学语文识字教学中遵循识写分开原则，更有利于提高识字写字教学效率。所谓识写分开，即对于学生会认的字与会写的字需要提出不同的要求。对于要求学生会认的字，只需要见其形读其音即可，即只要求学生在文本中见到该字时认识即可；对于要求学生会写的字，不仅要认识，要掌握正确的书写方式，还要明白该字的意思，掌握口头交流和书面表达中该汉字的使用方式。对于小学低年级的学生，教师可以要求其少写一些汉字，多认识一些汉字，以便帮助学生尽早开展阅读活动。同时，小学低年级学生的身体尚在发育阶段，手部的肌肉还不发达，少写汉字对于学生的身体发育更加有利。小学低年级的学生缺少足够的自我管理意识和能力，教师如果要求学生写太多汉字，学生难免会感到枯燥乏味，很可能会影响学生的识字兴趣，不利于提高识字教学效率。

（三）教授学生方法，开拓识字路径

汉字是我国传统文化中的一颗璀璨明珠，是母语的书面符号，与人们的生活息息相关，所以学生的身边有大量的汉字学习资源。因此，小学语文教师应该拥有一定的资源整合意识，充分利用周围环境拓宽学生的识字路径，帮助学生快速掌握大量汉字，从而推动学生整体语文素养获得发展。教师要注重教给学生正确的识字方式，并培养学生的识字兴趣，这样才能促使学生在日常生活中利用除教

材以外的其他学习资源进行汉字学习。如此不仅可以拓宽学生的识字路径，还能促使学生养成良好的识字习惯，促使学生的自主学习能力得到提高。

　　对小学阶段的学生开展识字教学，要注重利用学生熟悉的语言因素作为教学资源，还要注重引导学生运用自身生活经验，结合学生的认知特点，灵活运用直观的教学方式，构建良好的教学情境，培养学生良好的写字习惯。可见，展开小学生的识字教学，不仅要注重提高学生的识字能力，还要注重培养学生的识字写字习惯，所以小学语文教师在教学过程中要注重帮助学生掌握有利的识字工具，如拼音、笔画笔顺、偏旁部首等，还要将查字典的方法教给学生，引导学生积极进行识字方式和规律的总结，这样可以有效促使小学生的识字能力得到提高。汉字具有一定的理据性，一个汉字的构成，并不是人们无意的行为，一个汉字是由什么偏旁构成，都有其内在的道理或者依据，这就是汉字构成的理据性。在小学语文识字教学中，教师可以从汉字的外形与含义、读音的关系切入，帮助学生掌握汉字的音、形、义之间的关系，可以有效促使学生的识字效率获得改善。

第二节　小学语文不同阶段识字课堂教学实施

一、第一学段识字课堂教学实施

小学语文第一学段识字课堂教学实施要注意以下几点（图3-3）。

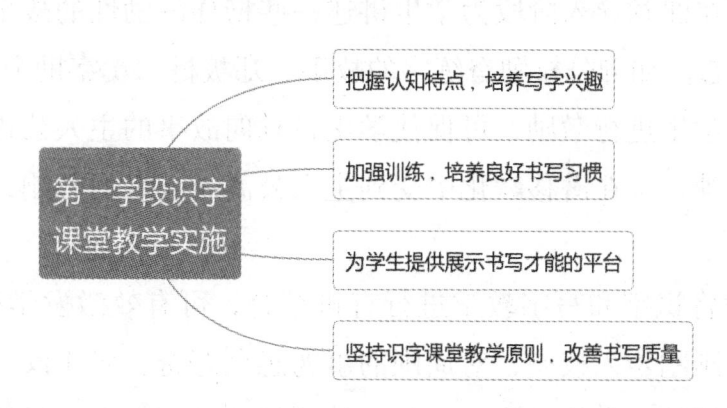

第一学段识字课堂教学实施
- 把握认知特点，培养写字兴趣
- 加强训练，培养良好书写习惯
- 为学生提供展示书写才能的平台
- 坚持识字课堂教学原则，改善书写质量

图3-3　第一学段识字课堂教学实施

《义务教育语文课程标准（2022年版）》中关于第一学段识字课堂教学目标如

下：第一，喜欢学习汉字，有主动识字写字的愿望。认识常用汉字1600个左右，其中800个左右会写。第二，学会汉语拼音。能读准声母、韵母、声调和整体认读音节。能准确地拼读音节，正确书写声母、韵母和音节。认识大写字母，熟记《汉语拼音字母表》。第三，掌握汉字的基本笔画和常用的偏旁部首，能按基本的笔顺规则用硬笔写字，注意间架结构，初步感受汉字的形体美。努力养成良好的写字习惯，写字姿势正确，书写规范、端正、整洁。第四，学习独立识字。能借助汉语拼音认读汉字，学会用音序检字法和部首检字法查字典。第一学段是学生接受系统学校教育的初始阶段，识字课堂教学是其中很重要的组成部分，因此教师必须认真对待。那么教师应该如何有效地提高第一学段小学生的识字课堂教学质量呢？

（一）把握认知特点，培养写字兴趣

兴趣始终是促使学生展开自主学习的动力来源。因此，在第一学段，教师应该抓住学生的认知特点，以多元化的教学方式激发学生的写作积极性。教学中，教师可以顺应学生的认知规律，通过学生喜欢的"讲故事"的方式培养学生的识字积极性。

第一学段的学生都喜欢听故事，所以在识字课堂中，教师可以为学生讲述一些书法家的故事，有效吸引学生注意力，将学生带入识字教学情境中。例如，王羲之"临池学书"的故事、王献之"依缸习字"的故事等，情节生动的故事可以吸引学生的注意力，促使学生集中精力跟随教师的节奏进行学习。低年级的小学生年龄较小，缺少自我管理意识，在课堂中总是出现各种开小差的现象，影响学习质量。因此，在课堂导入阶段为学生讲述一些榜样激励性的故事，可有效帮助学生调整学习状态。如柳公权勤奋练字的故事、郑板桥"卖字助穷人"的故事等。通过这些故事对学生进行激励，可促使学生自觉向故事的主人公进行学习，学习其刻苦练字的精神，也在潜移默化中受到主人公高尚人格的影响，推动学生获得全面发展。

在第一学段将识字和写字教学进行有机结合，可有效激发学生的写字兴趣。低年级的小学生刚刚步入校园，对周围的事物感到好奇，对于汉字，学生只认识其外形，并不了解其本身的内涵与文化。教师展开识字教学，可抓住学生好奇心重这一特点，为学生逐一揭露汉字背后的文化故事，即可有效调动学生学习的积

极性。例如，在一年级的识字教学中，为学生讲解象形字时，教师可为学生播放《三十六个字》这一视频。《三十六个字》是一部彩色动画片，其中讲述了关于汉字发展演变的小故事，学生在观看视频时就会表现出极大的兴趣，在进行着一节的生字学习时，学生也表现得十分积极。又如进行"老"字的识字教学时，教师可以搜索网络中关于"老"字的演变过程的视频或者动画，在课堂上播放给学生看，可迅速吸引学生的注意力。看过视频，学生知道"老"字的上半部分就是一位老人的样子，下半部分是老人的一根拐杖。学生在进行这一汉字的书写时，就不是单纯书写简单的几个笔画，而是进行汉字文化的学习。类似的汉字还有很多，教师只有注重挖掘，让识字写字教学变得更具趣味性，才能让学生真正爱上识字写字。

教师还可以利用学生的好胜心理，在识字教学中，对表现优异的学生给予表扬，这样可以激发学生更大的识字兴趣，也可对其他学生进行鼓励，促使全体学生认真对待汉字的学习和书写。在小学阶段的教学工作中，想要提高学生学习的主动性和积极性，可以利用竞赛的形式，教师可以根据实际情况，组织一些识字写字的比赛，激发学生的学习斗志，收获理想的成效。

（二）加强训练，培养良好的书写习惯

写字需要学生始终保持注意力集中，并全身心投入，写字活动具有较强的养心性和文化性。因此，开展小学生的识字写字教学，教师要注重加强学生良好书写习惯的培养。小学阶段的学生正处于身体生长发育的关键时期，保持正确的书写方式，不仅可以确保学生书写的规范性，对于学生的健康成长也是有利的，同时还可以保护学生的视力。在课堂中带领学生进行写字训练时，教师除了口头讲述书写的正确姿势外，还要为学生展示正确的书写姿势，为学生进行示范。

加强学生良好写字习惯的培养，教师要教会学生正确的写字姿势和握笔方式。教师要把握适当的言语提醒频率，避免引起学生的反感，影响学生的书写积极性。教师可以为学生展示正确的握笔方法和写字姿势的挂图，让学生通过对比，调整自身书写时的坐姿以及握笔的方式。教师要在日常课堂中注重加强对学生的训练，持之以恒，确保班级内的每一位学生都养成良好的写字习惯。

（三）为学生提供展现书写才能的平台

开展一段时间的写字训练后，新鲜感逐渐褪去，学生可能会产生懈怠心理，

此时就需要教师通过多种方式增加写字活动的趣味性，促使学生重新对写字产生兴趣。教师可以组织一些书写比赛，为学生提供一个展现书写才能的平台，让学生积极参与比赛，认真练习写字，从而推动学生写字能力的发展。教师还可以将写字比赛中的优秀作品展示在教室内或者教室外的墙壁上，让学生体验成功的喜悦。如此，原本书写能力好的学生会继续保持写字兴趣，还可促使其他学生见贤思齐，向书写能力好的学生学习，认真练习写字，提高自身写字能力。

（四）坚持识字课堂教学原则，改善书写质量

识字和写字教学贯穿于整个小学教学阶段，是推动阅读以及写作教学的基础，因此识字与写字教学十分关键。小学语文教师必须遵循科学教学的原则，开展第一学段学生的识字写字教学，为后续开展更深入的教学做好铺垫。开展低年级识字写字教学，教师要坚持识写分开、多识少写的原则。减少低年级学生的写字活动，目的在于帮助学生打好写字基础，减轻学生的负担，避免打击学生的写字积极性，并且有利于学生的身体健康成长。教师要明确，并不是要求学生大量进行书写，就能有效提高学生的写字质量。只有"量"的积累不一定能带来"质"的飞跃，帮助学生养成正确的书写姿势以及写字习惯，比要求学生进行大量书写更为重要。教师要对学生进行严格要求，从而提高学生的写字质量和速度。

二、第二学段识字课堂教学实施

小学语文第二学段识字课堂教学实施主要注意以下两点（图3-4）。

```
第二学段识字      ── 加强写字习惯规范
课堂教学实施
                  ── 保证写字练习时间
```

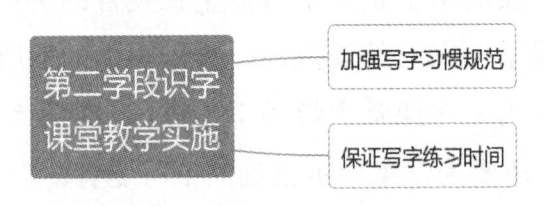

图3-4　第二学段识字课堂教学实施

在《义务教育语文课程标准（2022年版）》中，关于第二学段写字教学的要求如下：第一，对学习汉字有浓厚的兴趣，养成主动识字的习惯。累计认识常用汉字2500个左右，其中1600个左右会写。有初步的独立识字能力。能用音序检字法和部首检字法查字典、词典。第二，写字姿势正确，养成良好的书写习惯。能用硬笔熟练地书写正楷字，做到规范、端正、整洁。用毛笔临摹正楷字帖，感受汉字的书写特点和形体美。第三，能感知常用汉字形、音、义之间的联系，初

步建立汉字与生活中事物、行为的联系，初步感受汉字的文化内涵。

（一）加强写字习惯规范

学生进入三年级后，开始逐渐使用钢笔进行书写，教师可以抓住这一契机，纠正学生的不良写字姿势。在整个书写教学过程中，教师要始终注重学生规范书写方式的培养，坚持贯彻"三个一"原则：握笔的手到笔尖距离一寸；胸离书桌距离一拳；双眼距离书本一尺。学生书写方式是否正确，不仅会影响学生对钢笔的控制能力以及灵活程度，还会影响学生的书写速度。

《义务教育语文课程标准（2022年版）》中对于第二学段学生接触汉字的数量要求增大，这就需要教师帮助学生掌握正确的写字方式，让学生在写字过程中可以举一反三，提高学生的识字写字效率。教育家李富兴提出了"五环节教学法"，比较适合第二学段的写字教学。所谓"五环节教学法"，分别指的是读、摹、临、校、写，其中"读""摹"两个环节最为关键。"读"需要学生细致地分析字帖中汉字的特点，考虑在书写时需要注意的事项，这是进行书写训练的第一步，也是最为关键的一个步骤。学生只有将字帖分析透彻，才能掌握好写字的关键，在后续几个环节中做到有的放矢。"摹"即使用钢笔进行字帖的临摹，如果使用毛笔，可以采用双钩填墨。这一环节与第一环节关系紧密，学生要在"摹"这一环节中落实"读"时的分析与感悟。将同一个字临摹几遍之后，再与原帖进行细致的比对，找到其中的差距，并分析改进的方法，之后再临摹、再比对，最终实现脱帖临写。此时，学生已经掌握了一个或者几个字的书写要领，即可举一反三，完成整张字帖。通过这样的方式进行书写训练，可以帮助学生进行较为系统的练习，从而提升学生的书写质量。

（二）保证写字练习时间

教师在课堂中进行识字写字教学，传授给学生正确的写字方式后，即可要求学生在课后自主完成写字练习。但是由于小学阶段学生的自制力较差，如果没有教师的监督，部分学生就会抱有敷衍态度，只是为了完成作业而临摹字帖，不能认真对待，随便写写了事，只保证数量不保证质量，这样自然难以有效促使学生的写字能力得到提升。学生课后进行写字练习，教师可以联系学生家长，加强监督，确保学生用一定的时间进行写字练习，保质保量完成任务，只有这样才能有效确保学生通过课后练习提升写字质量。

三、第三学段识字课堂教学实施

小学语文第三学段识字课堂教学实施要注意以下几点（图 3-5）。

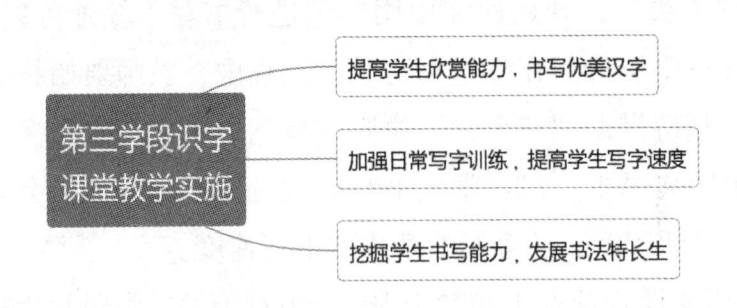

图 3-5　第三学段识字课堂教学实施

第三学段识字课堂教学实施：
- 提高学生欣赏能力，书写优美汉字
- 加强日常写字训练，提高学生写字速度
- 挖掘学生书写能力，发展书法特长生

小学生进入高年级以后，已经形成了自己的写字风格，写字能力也得到了一定的提高。此时，教师就要严格遵照《义务教育语文课程标准（2022 年版）》中对第三学段写字教学提出的要求：第一，有较强的独立识字能力。累计认识常用汉字 3000 个左右，其中 2500 个左右会写。感受汉字的构字组词特点，体会汉字蕴含的智慧。第二，写字姿势正确，有良好的书写习惯。硬笔书写楷书，行款整齐，力求美观，有一定的速度。能用毛笔书写楷书，在书写中体会汉字的优美。第三学段进行写字教学时，教师要注重加强学生欣赏能力的培养，促使学生的写字技能得到进一步提高，并且第三学段仍要注重培养学生良好的书写习惯。

（一）提高学生欣赏能力，书写优美汉字

学生进入高年级以后，已经具备了一定的欣赏能力，因此在进行识字写字教学时，导入一些名家名作以供学生欣赏是十分必要的。教师要引导学生欣赏书法家作品的气质与感染力，让学生在潜移默化中受到书法家优秀作品的熏陶，促使学生对书法家产生欣赏、敬佩之情，从而调动学生的学习积极性，促使学生萌生对书法的热爱之情。通过在写字教学中加强学生欣赏能力的培养，也可以让学生进一步认识认真写字的重要性，促使学生改善自身写字能力的意识的提高。随着学生进入高年级，所学汉字的笔画越来越多，汉字结构也越来越复杂，学生一定要看清字形再下笔。仔细观察可以发现，每一个汉字都有其自身特定的形态，笔画的长短，偏旁的大小，都有其特定的规律。因此，教师既要引导学生了解汉字的基本书写规律，又要注重引导学生把握汉字的结构规律。在书写左右结构的汉字时，要注意左右两部分之间的间隔。例如，在书写"林"这个汉字时，第一个

"木"的捺必须写成"、",否则书写出来的汉字整体结构失调,不美观;又如在书写"土"字旁的汉字时,要注意将第二横改成提,这样才能为右半边留出足够的书写空间。引导学生从掌握汉字的基本书写规律到熟悉汉字的整体结构规律,促使小学生的写字能力获得更进一步的发展。

(二)加强日常写字训练,提高学生写字速度

《义务教育语文课程标准(2022年版)》中关于第三学段的写字教学有一条明确的要求:硬笔书写楷体,行款整齐,力求美观,有一定的速度。高年级学生的作业相较之前也变得更多,学生只有保证一定的写字速度,才能按时按量完成作业。因此,在日常教学中,小学语文教师要注重加强学生的写字训练,并促使学生养成提笔即练字的习惯,从而保证学生每一次课后作业都可以按时按质按量完成。

(三)挖掘学生书写能力,发展书法特长生

"书法"是在"写字"基础上的提高,"写字"与"书法"都是对于我国传统文化进行探究的学科,是学习与研究中国汉字的一门学科。书法艺术是建立在写字教学基础之上的,学生通过多年的写字练习,才能将"写字"升华为"书法艺术"。对于有浓厚写字兴趣并且写字能力较好的学生,教师要注重引导其向书法方面发展,通过多种方式,为学生提供展现自身才能的机会与平台,充分挖掘学生身上的潜力,推动学生获得更好发展的同时,还可以促进我国书法文化的发扬。

综上所述,写字教学是语文教学的重要组成部分,写字教学的意义远超出写字本身。即使学生进入高年级,教师仍要注重引导学生养成良好的写字习惯,日常加强学生的写作练习,让写字训练成为常态化的教学模式,推动学生书写能力的发展与进步,促使我国传统文化得到传承,将中国书法名扬天下。

第三节 小学语文识字写字课堂教学创新策略

小学语文识字写字课堂教学创新策略包括以下几点(图3-6)。

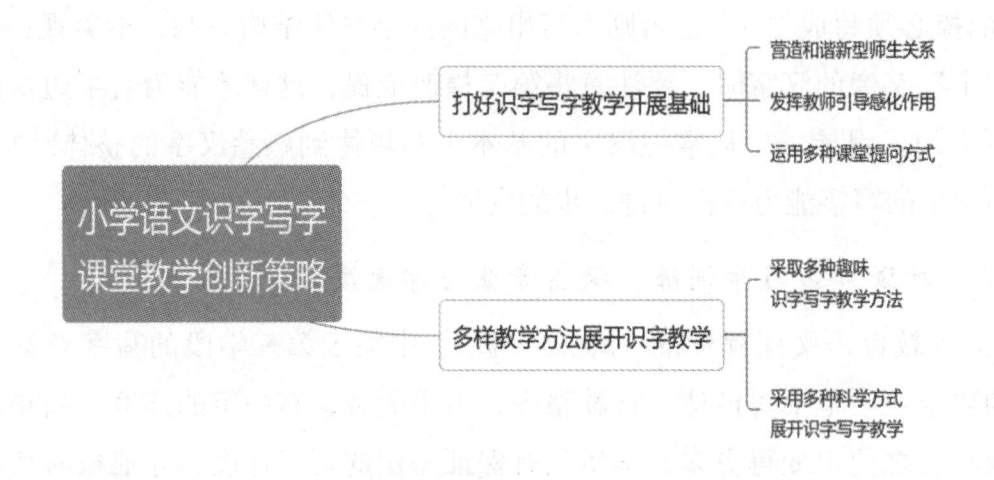

```
                                    ┌─ 营造和谐新型师生关系
              ┌─ 打好识字写字教学开展基础 ─┼─ 发挥教师引导感化作用
              │                     └─ 运用多种课堂提问方式
小学语文识字写字 ─┤
课堂教学创新策略   │                     ┌─ 采取多种趣味
              └─ 多样教学方法展开识字教学 ─┤  识字写字教学方法
                                    └─ 采用多种科学方式
                                       展开识字写字教学
```

图 3-6　小学语文识字写字课堂教学创新策略

一、打好识字写字教学开展基础

（一）营造和谐的新型师生关系

课堂教学效果的好坏，很大一部分原因取决于师生关系是否融洽。在传统教学观念中，教师是威严的象征，是课堂的权力中心。很多教师认为"严师出高徒"，希望通过严厉对待学生，让学生惧怕教师，从而达到学生在课堂中遵守纪律，课后按时完成作业的效果。但传统的师生关系完全束缚了学生的思想，学生不敢向教师提出自己的疑问，在课堂中有不一样的想法也不敢表达，这样虽然可以确保学生养成上课不开小差的良好习惯，但是不利于学生思维的拓展，难以调动学生的主观能动性，与现阶段我国推行的素质教育理念不符，所以传统师生关系亟须改变。作为新时代的小学语文教师，首先应该明确，和谐良好的师生关系绝不是建立在教师严厉的管教和严格的纪律之上的，教师要注重遵照全新教学指导理念，对自身的教学思想和理念做出相应调整，转变自身传统的"严师"形象。小学生尤其是低年级的学生年龄较小，缺少足够的生活经验，教师要给予学生足够的关怀和温暖，让学生感受到教师的爱心、耐心、关心和诚心，这样学生才会愿意追随教师。教师要加强与学生之间的沟通，了解学生的真实情况，为学生提供帮助，为其排忧解难；教师对于学生来说，应是亦师亦友的存在，这样才能促使学生敞开心扉。而学生应该在课堂中认真听讲，踊跃发言，与教师形成有效互动，从而提高课堂学习质量。在小学语文课堂中，将教师的主导作用与学生的主体作用应进行有机融合，只有这样才能促使学生感受到学习的乐趣，为今后识字教学的开展做铺垫。

（二）发挥教师引导感化作用

"教育本质的就是一棵树摇动另一棵树，一朵云推动另一朵云，一个灵魂唤醒另一个灵魂。"这是德国哲学家雅斯贝尔斯的著作《什么是教育》中的一句话，从中可见教师的言传身教对于学生有很大的影响。虽然小学生的年龄较小，但教师对于教学工作的态度，学生都看在眼里，会在潜移默化中影响学生的学习态度。教师如果消极对待教学工作，在课堂中敷衍了事，说话不严谨，对于上课开小差的学生放任不管，就会对学生产生消极的影响，学生会不自觉地模仿教师的行为，以敷衍的态度对待学习，学生的学习质量自然无法提高；如果教师对工作充满热情，在课堂中情绪饱满、教学严谨，对学生足够关注关怀，学生则会备受鼓舞，在教师的影响下保持积极的学习态度，在教师的带领下展开深入学习。学生的积极态度也会反过来影响教师，激发教师更大的工作热情，促使教师迸发思维火花，从而高效完成教学工作，推动课堂进入良性循环状态。课堂中教师与学生积极互动，学生之间积极讨论，可有效营造良好的课堂教学氛围，让课堂充满浓厚的学习气氛。开展小学生的识字教学时，教师要注重运用富含趣味性的方式，从而调动学生的学习积极性。教师可以用热情的语气引导学生进行游戏活动，用生动的表情神态感染学生，师生共同对汉字进行探究，深入了解汉字的内涵和汉字背后的故事。

（三）运用多种课堂提问方式

课堂提问是课堂教学的重要组成部分，是教师和学生之间展开有效互动的桥梁，课堂提问可以有效促进学生发散思维，从而提高学生的学习效率。因此，在进行课堂教学之前，教师要结合教学内容以及学生实际学情，精心设计课堂提问的内容；在教学过程中，以启发性、科学性的问题引导学生积极思考，深入探究。值得注意的是，教师在设置问题时，要把握好问题的难易程度，过于困难的问题，会打击学生的积极性，影响学生的学习信心；而过于简单的问题又无法推动学生进步，所以教师进行课堂提问时，还要讲究一定的艺术性。

小学语文课堂中，提问的方式一般分为三类，分别是"是什么""为什么"以及"怎么办"。"是什么"类问题的答案是唯一的，无法更改，并且具有一定的永恒性，学生需要对问题的答案进行记忆，不需要结合自身已有的经验触发神经元联结进行思考，所以应该减少这类问题在课堂中出现的频率。而"为什么"和"怎么办"这两类问题的答案不具备唯一性，学生需要对信息进行处理、加工、整合，并进行思考，才可获得问题的答案。这两类问题可以有效调动学生的思维，促使学生经过探索得出创造性的答案，在课堂中应该多使用这两类问题来锻炼学生的思维能力。学生之间具有一定的差异性，针对不同基础的学生，教师要提出与其能力相适应的问题，这样才能促使所有学生在自身原有基础上获得进步。教师要深入了解本班学生的实际情况，将课堂中要提问的问题进行分层，对不同层次的学生提出不同层次的问题，让不同能力水平的学生，都可以参与其中。对基础差的学生提出问题，目的在于激发学生学习兴趣，鼓励学生展开思考；对于基础较好的学生进行提问，目的在于培养学生思维的深度和广度。把握好课堂提问的艺术性，也可有效促使小学生识字教学的效率获得一定改善。

二、多样教学方法展开识字教学

（一）采取多种趣味识字写字的教学方法

1.游戏识字教学法

现代教育理念强调要突显学生的课堂主体地位，这是提升教学效率、推动学生发展的有效策略。在小学语文课堂的识字教学中，教师要顺应小学生的兴趣爱好，展开趣味化的教学活动，这样才能提高学生学习积极性。游戏识字教学法是一种被广泛应用的教学方式，游戏识字教学法更符合小学生尤其是低年级学生的认知规律，所以能够带动全班学生一同参与教学活动，从而促使所有学生获得发展与进步。

例如，在学习《树之歌》这篇课文时，为了帮助学生快速掌握生字，教师即可采取游戏识字教学法进行教学。首先教师可以在课件中为学生展示各种树木，如：杨树、榕树、梧桐树、枫树。通过展示图画，可以有效吸引学生的注意力，接下来教师就可以组织学生开展识字游戏。教师可以带领学生进行"加一加"游戏，教师在带领学生掌握课文中生字的写法之后，可以在黑板上写出几组"木"字旁，并选出几名学生到讲台上给"木"字旁加上右半部分形成一个新字，哪名学生可以最快完成并且全部正确，即为获胜者。教师要对获胜者提出赞扬，并给予学生一定奖励，如此即可有效调动学生课堂参与的积极性。游戏的开展明显调动了学生的参与热情，为了赢得游戏，学生会更加认真地记忆本节课所学的新字词，学生的学习质量从而得到了明显提高。在参加游戏的过程中，学生会将自身的知识薄弱处暴露出来，教师可以结合学生的这些错误再次展开针对性的讲解，即可起到帮助学生巩固知识的作用，促使学生对本节知识形成深刻印象，提高学生的学习质量。教师还可以让学生比赛谁能用最短的时间找出本篇课文中所有相同偏旁的汉字，最快回答正确的学生可以获得教师的奖励。在教学中，带有竞赛性质的教学游戏，对于提高学生的参与积极性有十分积极的作用。通过游戏，可以帮助学生加深对偏旁的认知，并且还能帮助学生提高归纳和分析的能力。

2.故事识字教学法

故事识字教学法也是小学语文教师展开识字教学时经常选用的方法，将一个个汉字与生动又富含趣味性的故事建立联系，即可顺利调动学生的学习兴趣，并通过故事帮助学生加深对汉字的记忆，从而提高学生识字教学质量。作为一名合格的新时代小学语文教师，应当不断探寻更加有趣的、可以调节课堂教学氛围的教学方式，从而带给学生积极的情绪感染，让学生全身心投入知识探索中，从而收获理想的教学成效。学生学习动机的强弱与教师的教学态度有很大关系。如果教师用心展开教学，尊重、关心学生，就会提高学生参与课堂的积极性；如果学生认为教师没有用心教学，学生也会表现出冷漠，缺少学习兴趣。可见，课堂教学氛围与教师的教学态度、用心程度是成正比的。而采用故事识字教学法，不仅可以有效调动学生的课堂参与积极性，还能够起到帮助教师调节学生情绪的作用，从而促进课堂中师生之间产生有效互动，提高课堂教学效率。

采取故事识字教学法，教师作为讲故事的人，就要与"听众"之间形成有效互动，这样才能促使所有"听众"积极参与讲故事的活动中，让"听众"走进情境，加深对故事的理解和记忆，进而掌握相关汉字知识。在学生识字过程中，教师可以先抛出一个问题，吸引学生注意力，引发学生热烈讨论。教师在讲故事的过程中也要鼓励学生表达自己的想法，如在教学"晒"和"洒"这两个容易混淆的汉字时，教师就可以先抛出问题，再讲故事。教师可利用多媒体设备为学生展示"西"这个汉字。

师：同学们，大家前后左右一起讨论一下，这个"西"字和咱们生活中哪些常见的物品比较相似呢？

教师抛出问题，学生开始热烈讨论，最后学生得出答案，认为"西"字和生活中装东西的坛子长得很相近，教师要先对学生的回答给予肯定，接着在"西"字旁边展示一张坛子的图片进行对比，之后再为学生展示"晒"和"洒"这两个汉字。

师：同学们，大家认识这两个汉字吗，它们有什么特征吗？

生：它们长得和"西"很像。

师：是的，同学们，它们长得都很像"西"字，那老师给大家讲一下它们的故事吧。

生：好。（学生兴致勃勃）

师：这两个字都是小西的亲戚，长得很相像，所以就有很多小朋友分不清楚这两个字。于是小西就告诉大家一个小窍门，它们其中一个喜欢晒太阳，总是在太阳出现的时候出现，所以和日头一起出现的就是"晒"，晒太阳的晒；而另一个十分喜欢泉水，在它的身体里面装满了水，走路晃晃悠悠，总是会有水漏出来，所以身边有水的就是洒水的"洒"字。同学们，你们说小西这个区别亲戚的方法好不好？

生：特别好。

师：老师也觉得这个办法很好，下次大家再看到这两个字的时候是不是就可以一眼认出来了。

生：是的。

从这个案例可以看出，将汉字教学变成"讲故事"，可以让课堂氛围变得更加和谐生动，有效改善课堂教学质量，让汉字知识变得更具趣味性，有效调动学生的学习积极性，促使学生积极参与学习活动，对汉字的记忆变得更加深刻。

3. 现代技术识字教学法

随着信息技术的发展，教师有了强有力的"教具"。在教学中，教师可以运用信息技术，将网络中的信息作为丰富的教学资源，有效构建视听一体的全方位教学情境，从而吸引学生注意力，促使学生全身心投入学习活动中。利用信息技术进行小学语文识字教学，可以更好地顺应小学生的认知规律，将抽象知识，以更加形象直观的方式呈现给学生，帮助学生在脑海中建立对知识的感性基础，从而让汉字知识在学生的记忆中留下深刻的印象，进一步提高学生的学习效率。

例如，在进行"一次比一次有进步"这一节内容的识字教学时，教师就可以充分利用多媒体的动画功能。在这一节内容中有"燕"这个汉字，在进行这个汉字的教学时，教师可以这样对学生进行引导。

师：同学们，老师这里有个字谜，大家一起来猜一猜，第一个猜对的可以获得小礼物哦。（学生的积极性立马被调动起来，跃跃欲试）

师：草字下面一小横，北字被口分两边，最后摆上四个点，屋檐下面筑新巢。

生1：鸟。

师：你再思考一下，最后一句是"最后摆上四个点"，鸟这个字可没有四个点。

生2：老师老师，我知道了，是燕子的"燕"。

师：是的，回答得很正确。下面大家一起来写一写这个字，看看是不是和谜面是一样的。

此时教师可以用多媒体教学设备为学生展示几张燕子的图片，以及一个空白田字格。

师：大家还记得谜面的第一句是什么吗？

生：草字下面一小横。

教师利用多媒体的动画功能播放在田字格中书写"燕"字头部的书写过程。

师：大家看这个书写过程，是不是和谜面一样？这个字的上面一部分说的是燕子的哪个部分呢？

生：是的，是一样的，是燕子的头。

接下来教师依次为学生展示"燕"字中间部分和下部的书写过程，引导学生联想它们分别是燕子身体的哪些部位。

师：通过书写我们可以发现，谜面完全把"燕"这个字的书写方式告诉大家了，而且这个字的每一部分都对应燕子身体的一个部位，大家以后看到燕子是不是就会联想到"燕"这个字，而且知道应该怎么书写了？

生：是的。

从这个案例可以看出，在课堂中灵活运用多媒体技术，可以让教学方式变得更具趣味性，从而调动学生的学习兴趣，让学生对汉字的记忆变得更加深刻。在这个案例中，教师还有效锻炼了学生的思维能力，引导学生思考和联想，让教学方式变得更加新颖，课堂氛围变得更加和谐生动，可有效提升学生课堂教学质量，促进学生的能力获得更好的发展。

（二）采用多种科学方式展开识字写字教学

1. 在寻根究底中还原本真

汉字是古代人们智慧的结晶，从古代流传至今，经历了历史长河的洗礼。汉字文化代表了中华儿女的气节以及中华民族的精神，展开汉字教学，务必要严谨。

例如，在进行《少年王冕》这篇文章的教学时，文中包含"冕"这个字，很多学生由于马虎，都将这个字的上面写成"曰"，但仔细观察可以发现，下面的两横与外框并不相接，所以并不是"曰"字。教学中教师一定要帮助学生认清这一点，避免以后出现书写错误，教师在课堂中可以这样展开教学。

师：同学们，今天老师介绍三个孪生兄弟给大家认识，分别是"日""曰"和"冕"字的上半部分，大家仔细看看，他们是不是很像？

在黑板上为学生展示"日""曰"和"冕"字的上半部分。

生：是的。

师：但仔细观察，他们三个还是有不同之处的。那大家再仔细看看，他们三个哪里不一样呢？

通过教师的引导，学生仔细观察并得出结论："日"字比较瘦、比较长，"曰"字比较宽、比较扁，"冕"字上方的两横都不与外框相接。接下来，教师可以顺势引导学生关注"冕"与"帽"字的相似之处，告诉学生"冕"字也是帽子的意思，并为学生拓展"卫冕""无冕之王"等词语。最后，教师再次强调"冕"字的正确书写方式，帮助学生加深记忆。

在上述教学片段中，首先教师引导学生仔细辨认形近字，加深学生对字形的感性认知；其次，引导学生激活已有的知识经验，找到新字与旧字之间的关系，让学生清楚字形为何这样设置；最后，教师通过词语拓展，加深学生的感性认知。通过这样的教学方式，将汉字变成富有生命气息的文化因子，可激发和提高学生的学习兴趣。展开识字教学，必须抱有严谨的态度，寻根溯源，找到汉字原始的根，才能帮助学生深度了解汉字。

2. 在学生错误中因势点拨

接受心理学认为，学生在学习的过程中经历越多，那么留在思维意识中的痕迹也就越多。所以，即使是在学习过程中犯了错误，也能让学生在错误中有所收获。对于小学语文的识字教学，同样如此。因此，在进行识字教学时，教师要正确看待学生的错误，并借助学生的错误对学生进行点拨，学生顿悟之后就会与之前的想法形成鲜明对比，避免下次再犯同样的错误。

例如，在进行《雾凇》这篇课文的教学时，"凇"字是学生经常写错的汉字，不管教师如何强调，总有学生出现错误，所以教师可以改变传统苦口婆心的教学方式。教师可以让经常出错的学生到黑板上书写这个汉字，果不其然，学生将两点水写成了三点水，此时教师可以顺势进行点拨。"天气太冷了，所以水都被冻成了冰，没有那么多的水，赶快改过来吧！"在识字教学中，充分利用学生的错误，帮助学生将知识点镌刻在意识中，同时，在学生出现错误时，教师没有严厉指责，而是顺势进行点拨，既可以保护学生的自尊心，还给学生留下了深刻的印象。

总而言之，小学语文识字教学并不难，教师只需要花费一定的时间和精力进行探究即可。作为小学语文教师，要透彻理解每一个汉字的内涵，从而展开高质量的识字写字教学，有效推动学生的语文学科素养获得良好发展。

第四章　小学语文阅读课堂教学探讨

目前我国已经进入"互联网+"时代，信息更新速度变得更快，阅读更成为人们生存必备的一项技能。[①] 小学阶段展开阅读教学，可以帮助学生锻炼思维，提高能力，因此阅读教学是小学语文课堂教学的重要组成部分。本章主要包含小学语文阅读课堂教学简述、小学语文不同阶段阅读课堂教学实施以及小学语文阅读课堂教学的创新策略。

第一节　小学语文阅读课堂教学简述

阅读是人们必须具备的一种基本能力，在生活中、学习中以及工作中，都需要通过阅读获取信息。阅读是人们通过文字认识世界、获取信息、发展思维，以及获得审美体验与知识的活动，它是从视觉材料中获取信息的过程，因此阅读在人们生存与发展中占据着至关重要的地位。

所谓阅读教学，就是教师指导学生运用正确的方式进行文本内容的阅读，把握文本内容的主要内容，体会文本内容的思想情感，学习作者的表达方式，以及教师培养学生的阅读习惯，改善学生阅读能力的过程。想要提高学生的阅读理解能力，就要加强阅读教学。同时，学生的口语能力、写作能力等也都需要通过阅

[①] 姚梦奇，朱伟.小学语文阅读教学有效性分析[J].新课程教学（电子版），2022（6）：46-47.

读教学来奠定基础,所以阅读教学在小学语文教学中占据十分重要的地位,阅读教学的质量直接决定了语文课程教学的效果。

一、阅读课堂教学的意义

阅读教学是整个语文教学体系的核心部分,对于学生语文素养的发展起到决定性的作用。对于小学阶段的学生而言,阅读课堂教学的意义主要包含以下几点(图4-1)。

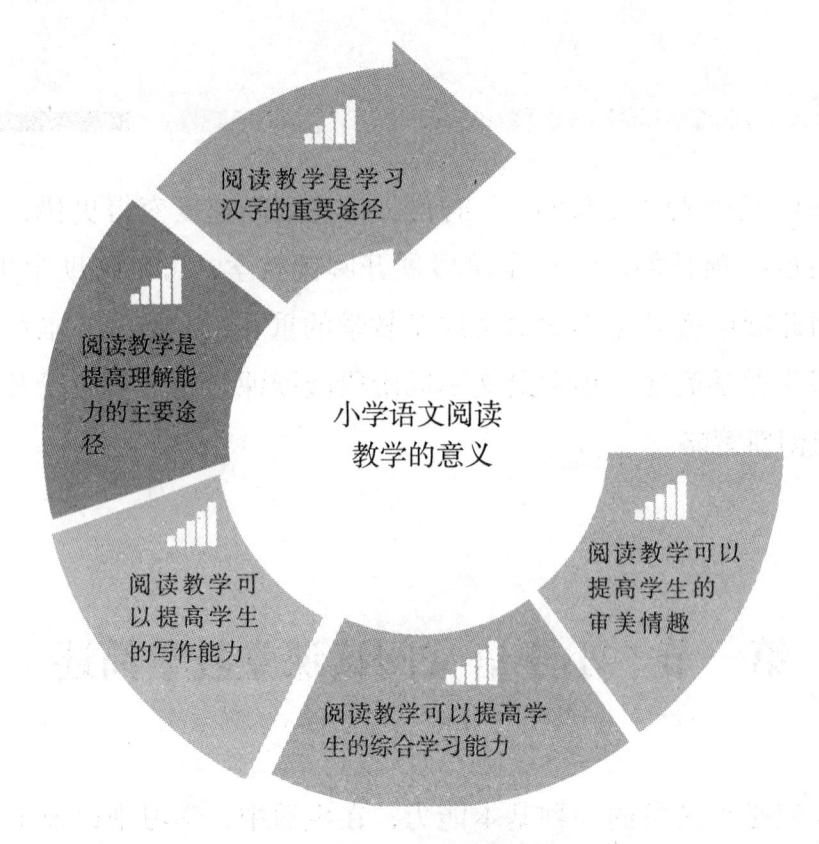

图4-1 小学语文阅读教学的意义

(一)阅读教学是学习汉字的重要途径

在阅读过程中,学生可以接触同一个字词在不同语言环境中的意义,从而加深学生对于所学字词的理解。学生经过大量文本内容阅读,不仅可以学习新的字词,还能对已经学习过的字词进行巩固并加深理解。

(二)阅读教学是提高理解能力的主要途径

阅读可以锻炼学生的多种能力,其中就包括理解能力。在教师的带领下,学生可以通过阅读学习新的字、词、句,总结文本的主要内容,体会作者想要表达的思想情感，学习作者的写作手法，还可以对文章进行速读、精读、默读等。阅读的整个过程能有效促使学生的阅读理解能力得到提高，而阅读教学是提高阅读理解能力的主要途径。

（三）阅读教学可以提高学生的写作能力

阅读是从外界汲取知识的方式，而写作是从内向外表达思想情感的过程。通过阅读教学，学生的阅读能力得到发展，为学生自行进行课外阅读做好了铺垫。学生通过阅读，接触大量优秀的文学作品，揣摩作者的表达意图，可以为学生写作提供范例，促使学生自身的文字表达能力得到提高。小学阶段的学生擅长模仿，而在教学中，通常是由学生进行模仿开始逐步掌握和理解知识，并在重复运用的过程中达到熟练掌握的目的。因此，展开阅读教学，让学生接触大量优秀的文章，正是推动学生写作能力发展的开始。

（四）阅读教学可以提高学生的综合学习能力

小学语文教材以及课外读物中包含大量综合性知识，如社会知识、自然知识、生活常识等。学生进行大量文本内容的阅读，可有效拓宽学生的视野，丰富学生的知识，锻炼学生的思维，培养学生的创新意识与能力等，进而推动学生的综合学习能力获得良好发展。

（五）阅读教学可以培养学生的审美情趣

每一篇文学作品都能传达出作者一定的思想情感，阅读者在阅读的过程中，思想也会受到潜移默化的影响。为推动小学生语文素养的发展，小学语文教材中包含大量古今中外的名篇佳作，知识涵盖面广泛，语言形式多姿多彩，思想内容芬芳馥郁。[①] 学生进行大量阅读，细细品味文本内容的思想情感，可在潜移默化中熏陶情感、荡涤心灵，从而提升个人修养，培养审美情趣。

二、阅读课堂教学的目标和阶段要求

《义务教育语文课程标准（2022年版）》中课程目标的总目标中有关于小学阶段的阅读教学总目标，并对小学不同阶段的阅读课堂教学提出了具体要求。对于义务教育阶段的阅读教学提出的总目标为：学会运用多种阅读方法，具有独立阅

---

① 王定平. 小学语文阅读教学深度学习策略分析 [J]. 新课程，2022（13）：46-47.

读能力。能阅读日常的书报杂志，初步鉴赏文学作品，能借助工具书阅读浅易文言文。对小学阶段的阅读教学的"质"和"量"都提出了明确的要求，并且以下两点尤为突出。

（一）重视学生阅读量

读书，是学习语文的一种传统方式。只有多读书、读好书、好读书，才能有效积攒足够丰富的知识以及经验，促使阅读者养成良好语言习惯，并逐渐形成良好的独立阅读能力。

多读，指的是阅读的次数多，所谓"读书百遍，其义自见。"我国宋代教育家朱熹的《读书要三到》中提道："凡读书，须要读得字字响亮，不可误一字，不可少一字，不可多一字，不可倒一字，不可牵强暗记。只是要多诵数遍，自然上口，久远不忘。"值得注意的是，阅读次数多不代表仅运用单一的阅读形式一读到底，而是教师要将多种阅读方式教给学生，并让学生掌握结合阅读内容选择恰当阅读方式的能力。灵活掌握多种阅读方式，不仅可以增加阅读的乐趣，还能促使学生在阅读中获得感悟，加深理解，达到积累知识、启迪思想的效果。

多读，指的是阅读的数量多。对此，《义务教育语文课程标准（2022年版）》中有明确的规定：第一学段"课外阅读总量不少于5万字"；第二学段"课外阅读总量不少于40万字"；第三学段"课外阅读总量不少于100万字"。教师要帮助学生掌握自主选择阅读材料的能力，只有阅读优秀的文章，才能对学生思维发展、能力提升、知识积累起到积极的作用。

多读，还要做到阅读的种类多。教师要向学生强调：阅读不可有局限性。学生进行课外阅读不可只局限于自身感兴趣的书籍，阅读范围应尽量广泛，博览群书，才能汲取百家智慧来武装自己。从语文角度分析，学生阅读的内容需要涉及散文、童话、寓言、诗歌、戏剧等，而且不仅要读中国的文学作品，还要阅读外国的文学作品；不仅要读现代文学作品，还要阅读古代的名篇佳作。

多读，更要注重阅读的方式。课外阅读不仅要进行朗读，还要进行诵读。通过朗读，可以有效激发学生的阅读兴趣，并在朗读的过程中逐步形成良好的语言习惯。教师在进行阅读教学时，要结合学生的实际情况以及教材的特点对学生进行阅读方式的指导，在课堂中注重让学生进行朗读和诵读的训练，突显学生的教学主体地位。一堂优秀的阅读教学课，应该是学生书声琅琅，而非教师滔滔不绝。

诵读是我国古代学习语文的传统，强调的是阅读者的个人体验。对此，当代学者周振甫在《论诵读》中表示，读书时要分清轻重缓急，与文中情事的起伏相对应，阅读者才能更好理解文章，体会到文章作者写作时的心情；把握好音节与情绪之间的关系，在进行写作时，才能采取适宜的音响节奏来表达内心的情感。[1] 简单来说，诵读就是进行反复朗读，所以诵读更有益于积累，是推动学生阅读能力发展的好方法，教师要向学生强调诵读的重要性。

想要学生"多读"，教师就要注重培养学生的阅读兴趣，只有学生从心底感受到阅读的乐趣，才会自主利用课后时间进行阅读，从而养成良好的阅读习惯，进而提高阅读量。

（二）突出学生能力的培养

"学会运用多种阅读方法，具有独立阅读能力"强调了学生在阅读教学中的主体地位，作为新时代的小学语文教师，要明确自身在教学中扮演的角色已经发生了重大转变，教师已经从课堂的主宰者转变为学生学习的引导者、领路人，教师要在教学过程中贯彻"生本思想"，让学生成为阅读的主人，引导学生自主展开阅读，这样才能促使学生养成良好阅读习惯，最终实现阅读能力的提高。

《义务教育语文课程标准（2022年版）》中对于第一学段阅读教学提出的要求包含阅读浅近的童话、寓言、故事，向往美好的情境，关心自然和生命，对感兴趣的人物和事件有自己的感受和想法，并乐于与他人交流。诵读儿歌、儿童诗和浅近的古诗，展开想象，获得初步的情感体验，感受语言的优美。对第二学段的阅读教学要求：能复述叙事性作品的大意，初步感受作品中生动的形象和优美的语言，关心作品中人物的命运和喜怒哀乐，与他人交流自己的阅读感受。诵读优秀诗文，注意在诵读过程中体验情感，展开想象，领悟诗文大意。对第三学段的阅读教学要求：阅读叙事性作品，了解事件梗概，能简单描述印象最深的场景、人物、细节，说出自己的喜爱、憎恶、崇敬、向往、同情等感受；阅读诗歌，大体把握诗意，想象诗歌描述的情境，体会作品的情感。受到优秀作品的感染和激励，向往和追求美好的理想。通过分析各个学段的阅读教学要求可以发现，展开阅读教学，要注重加强学生感受、理解等能力的培养。

---

[1] 国文月刊社. 国文月刊 第 5 册 第 40 期 – 第 50 期 1946 年 1 月 –1946 年 12 月 [M]. 上海：上海书店出版社，2016：243.

现代教育更加强调学生能力的培养，所以开展小学语文阅读课堂教学，教师要注重培养学生感受、理解、欣赏和评价的综合能力，在小学中低年级阅读教学中要注重提高学生的感受和理解能力，在小学高年级阅读教学中要注重以感受和理解为基础，加强学生欣赏和评价能力的养成。所谓感受能力，指的是通过对文本内容进行阅读，形成初步印象，理解表层含义的能力；理解能力指通过阅读文字获取意义的能力；欣赏能力指在理解文本内容意思的基础上，欣赏作者写作手法、文本内容中优美的形象、深刻的思想，以及丰富的情感的能力；阅读评价能力指阅读者在理解文本内容基础上对文本的材料、思想结构、特色进行评价的能力。

培养小学生的"独立阅读能力"，除了需要帮助学生掌握基本的认读、理解、感受、记忆等能力之外，还要注重帮助学生掌握结合阅读材料，选择阅读方法和阅读策略的能力。学生需要掌握精读的方法，正确且深入理解阅读文本内容；需要掌握略读的方式，迅速理解阅读文本的大概意思；还需要掌握浏览的方式，可以快速掌握阅读文本中的关键信息。除此之外还要培养学生的阅读速度。也就是说，培养小学生的独立阅读能力，不仅要让学生读懂文本内容，还要掌握阅读文本的方式方法，并且保证一定的阅读速度。

学生先要喜爱阅读，掌握多种阅读方式，形成阅读习惯，再经过一定的阅读量积累，最终才能形成独立的阅读能力。如果学生缺乏阅读兴趣，就不可能积极进行独立阅读；如果不掌握正确的阅读方式，学生就难以在阅读过程中收获丰富的知识；如果没有养成良好的阅读习惯，学生就无法进行独立阅读；如果没有足够的阅读量，就无法以大量阅读经验为基础推动学生阅读能力的发展。因此，兴趣、方法、习惯、经验，这四个要素缺一不可。

第二节　小学语文不同阶段阅读课堂教学实施

小学语文的阅读教学总体呈现螺旋上升的趋势。在第一学段，要注重培养学生对于阅读的兴趣，这样才能为学生阅读习惯的养成做好铺垫。低年级阅读材料篇幅较短，通过理解字词含义，学生即可了解文本的大致内容，所以低年级的阅读教学，主要以引导学生了解字词含义为主。一年级是学生接触阅读教学的初始阶段，教师要注重加强学生的朗读训练和对学生的指导，并逐步引导学生在正确朗读的基础上流利且有感情地朗读。进入二年级，教师要逐步引导学生掌握默读的方式，并鼓励学生边读边想，对文本内容中自身感兴趣的事件以及人物产生想法，并与他人交流。

学生进入第二学段后，教师要注重学生阅读兴趣的培养，引导学生养成良好的阅读习惯，并鼓励学生大量阅读，如此才能促使学生的阅读水平得到提高。教师应引导学生通过联系上下文的方式理解文本内容，并用心体会文章中表达思想情感的语句，帮助学生通过查询工具书以及自己的经验理解陌生字词的含义。第二学段阅读教学的重点从词句过渡到篇章。要培养学生养成表达自身疑问的习惯，在掌握文章大概内容的基础上理解文章的内涵以及文章想要表达的思想情感，学习使用自己的话语概括文章内容，并阐述自身对于文章的初步感受，理解文章中的人物形象，与他人进行交流；培养学生养成阅读多种文本材料的习惯，包括书刊、报纸等，促使学生养成积累优秀语句和段落的习惯，从而积累丰富的语言材料。

学生进入第三学段后，教师要注重进一步激发学生的阅读兴趣，并将阅读教学的重心放在整篇文章教学上。培养学生借助词典理解词语，并结合文章的语言环境，分辨词语的感情色彩；促使学生联系上下文和自己的积累，把握文章关键语句的含义，体会作者的思想感情，初步感受整篇文章的基本表达方法。培养学生在与他人进行交流的过程中敢于大胆阐述自身想法，做出自己的判断。学生朗读时要正确、流利，并且带有一定的感情色彩；提高默读速度以及默读过程中对文本内容的理解程度，提高搜集信息的能力；教师应指导学生通过图书馆、网络等多种渠道养成广泛阅读的习惯。

从第一学段到第三学段，对学生展开分阶段、有层次的阅读训练，可有效提升学生的综合阅读能力，推动学生的阅读能力获得发展与进步，并最终达到阅读教学的目标。

一、第一学段阅读教学

《义务教育语文课程标准（2022年版）》中对第一学段的阅读提出了5条具体

要求，笔者基于三种维度，对这5条要求进行具体分析，并总结为以下内容：从"情感态度价值观"的维度，要求小学生热爱阅读，阅读活动充满兴趣，并享受阅读的乐趣，喜爱图书，养成爱护图书的意识和习惯；从"过程与方法"的维度，要求学生可以通过阅读，对自身感兴趣的人物以及事件形成自身的理解，并且可以与他人交流自身的感受与想法，可以有感情地进行文本内容的朗读、默读，借助书中的图画进行阅读，结合上下文和生活实际进行阅读；从"知识和能力"的维度，要求学生可以正确使用普通话进行朗读，练习默读，对文章中的字、词、句形成基本理解，并在阅读的过程中积累词语，熟知文章中的常用标点符号，调动自身想象力，感受文章中语句的优美，积累自己喜欢的好词好句、成语和格言警句等。除此之外，学生还需要进行优秀诗文的背诵，不少于50篇（段）。下面主要对阅读方法以及句子的教学进行分析。

（一）阅读方法

第一学段的阅读方法是最基础的，主要包含以下几种（图4-2）：

图4-2 小学第一学段阅读方法

1.课文预习法

从一年级第二学期开始，教师可以开始传授学生课后预习的方法，为学生养成良好的预习习惯做准备。教师要让学生清楚，通过预习，可以在教材中标注拼音，掌握生字生词，从而可以更加顺利地进行课文阅读。教师可以结合学生的实际学情，传授学生以"漏字阅读"的方式进行课文初步阅读的方法，让学生养成

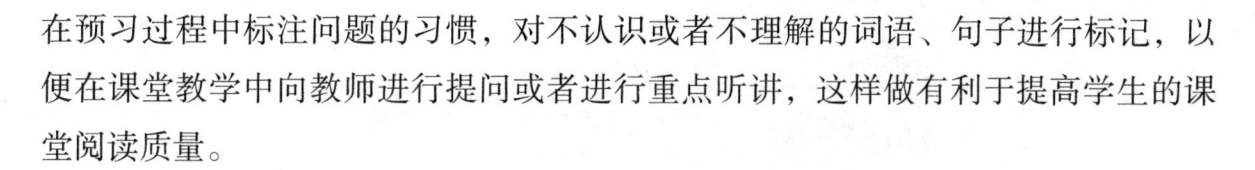

在预习过程中标注问题的习惯，对不认识或者不理解的词语、句子进行标记，以便在课堂教学中向教师进行提问或者进行重点听讲，这样做有利于提高学生的课堂阅读质量。

2. 拼音阅读法

小学生在低年级时就会学完所有拼音，当学生可以正确使用拼音认识汉字后，即可采取拼音阅读法进行阅读，将拼音作为阅读文本的有力工具。除了阅读教材的内容以外，教师可以在教室内设置读书角，为学生提供更多的拼音读物，或者鼓励学生之间交换自己感兴趣的课外拼音读物，这些方法都可以有效增加学生的阅读量，培养学生的课外阅读兴趣和习惯。

3. 图文对照法

《义务教育语文课程标准（2022年版）》在小学第一学段的阅读目标中明确要求"借助读物中的图画阅读"。因此，开展低学段的阅读教学时，要注重引导学生借助课文中的插图进行阅读。在低年级的语文教材中，插图的目的在于展现文本内容中的情境，是文本阅读的有机组成部分。色彩鲜艳的插图可以有效抓住学生的眼球，符合小学生的认知规律。利用插图可以将抽象的文本内容转化为具体的、可见的事物，让枯燥的文字变得生动形象，符合小学生的具象思维。因此，插图能够有效激发学生的阅读积极性，让学生在兴趣驱动下阅读文本，学习知识，感受学习语言的快乐。低年级语文教材中的插图本身就具有一定的故事性，通过仔细观察图画，可以解读其中声情并茂的故事情节，还可有效激发学生的想象力和创造力。充分发挥插图的作用，可以实现以图解读、以画促读的效果。以《三个儿子》这篇文章为例，教师可以先让学生自行观察图片（图4-3），联想图画展示故事情节，再进行课文的阅读。通过图文对照的方法进行课文阅读，可以帮助学生快速理解课文内容。又如进行《春雨的色彩》这篇课文的阅读教学时，教师可以让学生先进行课文的阅读，再结合课文内容以及自身的生活经验和想象力，将自己心中"春天的色彩"画出来。学生结合自己对于课文的理解进行绘画，这也是进一步加深学生对课文理解的方式，还能让学生感受到阅读的乐趣。

图4-3 《三个儿子》教材插图

4. 以演促读法

小学低年级的学生活泼好动，具有较强的自我表现意识。低年级语文教材中的课文大多绘声绘色，很适合采取以演促读的方式进行教学。通过表演的方式，可以帮助学生深度阅读文章、理解文章，并将抽象的文字转化为具体形象，有助于提高学生的阅读体验和情感体验，从而达到事半功倍的教学效果。采取以演促读的方式进行阅读教学，让学生在阅读、思考、准备、表演、评价的过程中将文字符号转化为形象的表演，这样不仅可以促使学生对文章形成深刻理解，还可以锻炼学生的综合能力，推动学生整体语文素养的提升。以《寓言二则》的阅读教学为例，教师可以先组织学生结合插图进行课文的阅读，再组织学生讨论课文中人物的特点与形象等，在此基础之上组织学生进行表演。这样不仅可以让学生将自身对于课文的理解充分展现出来，还可以促使学生在交流讨论和表演的过程中加深对课文内容的理解，从而将寓言的现实意义内化于心。

5. 熟读积累法

低年级的小学生擅长记忆，对教材中要求背诵的课文与故事可以熟读，并且可以背诵、默写。教师可以利用早读或者是语文课堂教学实践，让学生通过多读课文进行记忆。通过熟读课文，也可以实现积累词汇的效果，大量阅读文辞优美的文章，可以在潜移默化中陶冶学生的情操，促使学生形成良好的语感，提高学生的阅读能力。

6. 读写结合法

写作教学需要以阅读为基础，反过来写作也可以有效促进阅读。第一学段的小学生年龄较小，认识的汉字数量有限，但教师仍旧可以引导学生以读写结合的方式展开阅读，从而提升学生的阅读质量。教师可以让学生将自己对文章的理解或者在阅读过程中结合文章内容的联想和感悟等书写下来。通过这样的方式不仅可以帮助学生加深对于文章的记忆和理解，还可以锻炼学生的语言文字运用能力。例如，在学生阅读完《称赞》这篇文章后，教师可以先让学生说一说自己对于"称赞"的理解，之后再要求学生结合自身生活经历，以"称赞"为题写一段话。有的学生写道："我的姐姐是一名幼儿园老师，她做手工很厉害，我称赞她的手十分灵巧。姐姐说我的称赞让她觉得做手工一点儿也不累了，称赞的功能真神奇。"

7. 查找资料法

对于小学第一学段的学生来说，在阅读中最大的障碍就是生字词。因此，从学生进入二年级开始，教师就要有意识地帮助学生掌握利用音序查字法和部首查字法查阅字典，掌握学习陌生字词的方法。在学生了解字词的含义之后再进行阅读即可完整理解文章的内容。此外，教师要与学生家长建立有效沟通，引导家长在学生进行阅读时为学生提供帮助；有条件的可以帮助学生借助网络搜索学习资料，帮助学生快速理解文章中描述的内容。例如，阅读《亡羊补牢》《揠苗助长》时，家长可以在网络中搜索相关动画或者短视频，帮助学生理解寓言故事中的道理；阅读《小蝌蚪找妈妈》《日月潭》时，家长可以辅助学生在网络中搜寻资料，有效帮助学生加深对课文的阅读理解，同时还可以帮助学生拓展知识。

8. 信息联系法

《义务教育语文课程标准（2022年版）》中第一学段的阅读目标中明确提出，要引导学生"结合上下文和生活实际了解课文中词句的意思，在阅读中积累词语"。结合上下文或者联系自身生活中的实际经验，都属于信息联系法，这种方法可以帮助学生更好地理解文章的内容，属于一种基本的阅读方法，它会伴随学生的整个阅读生涯，第一学段仅仅是这种阅读方式的启蒙阶段。首先，教师要让学生学会"边画边读"，这里的"画"指的不是绘画，而是"标注"。在阅读的过程中，学生可以将自身不理解或者认为需要再次进行分析的地方用笔勾画出来，并联系上下文以及自身生活经验，对这些语句进行反复阅读和理解。例如，在阅读《蚕宝宝》这篇课文时，其中有一句："睡了四回的蚕姑娘，吃了几天的桑叶，就爬到蚕山上，吐出丝儿来，要盖新的房。"第一次进行阅读时，学生可能一时难以理解"睡了四回""盖新的房"为何意，此时联系上文内容，学生就会很容易理解"睡了四回"指的是"蚕宝宝蜕了四次皮"；联系下文，就会理解"盖新的房"指的是"蚕宝宝吐丝结成了茧"。学生再联系自己在网上、电视上或者自己养蚕的生活实际经历，就会理解文章中描写的是蚕宝宝生长和吐丝的过程。

（二）句子教学

小学第一学段的低年级学生进行阅读时，最重要的就是理解句子的意思。《义务教育语文课程标准（2022年版）》中明确表示，第一学段的阅读教学要做到让学生"认识课文中出现的常用标点符号。在阅读中体会句号、问号、感叹号所表达的不同语气"。低年级地写话训练，主要是帮助学生了解基本的语言规范，教师要为学生提供与学生语言发展相适用的文本句式，发展小学低年级学生的童心童语。但小学低年级学生的知识积累量小，并且是接触书面语言的初始阶段，阅读句子时不知道应该在哪里停顿，有些学生阅读句子时一字一顿；对于可以完整阅读的句子，又时常不能理解句子的含义；对于可以理解含义的句子，又不知如何进行仿写。

首先，教师要帮助学生学会正确朗读句子。第一步要切实落实识字教学，让学生可以顺利阅读，在不加字、不丢字、不错字的情况下正确阅读完整的句子。接下来要对学生进行长句子的阅读训练，让学生掌握句子的停顿方式。教师可以教学生在长句中间停顿的地方画上竖线，例如："它们|披着黑衣服，挺着|白胸脯，圆滚滚的身子，张着|一对翅膀，傻乎乎地|站在那里，真有趣！"教师要带领学生不断进行练习，在实践中掌握句子的停顿和重音。

其次，帮助学生理解句子的含义。这一步需要建立在词义教学的基础之上，抓住句子中的关键词,并理解关键词的含义,学生就可以初步理解句子的含义。教师不仅要将词语在句子中的意思为学生讲解清楚,还要将词语的使用范围为学生讲解明白。引导学生将抽象的词语与具体的事物联系起来,即可将语言符号转化为形象的画面,帮助学生不断积累字词所表达的具体形象。

再次,帮助学生建立句子的概念。从小学一年级学生接触语文课程开始,教师就要引导学生正确规范使用句子进行表达。要让学生清楚何为完整的句子,在句子的末尾需要以标点符号结束,理解常见标点的含义,并掌握其使用方式。还要帮助学生掌握一些固定句式,如写物的句子要使用"什么是什么""什么怎么样";写人的句子要使用"谁是什么""谁怎么样"。引导学生建立完整句子的概念之后,可以让一年级的学生学习句子的书写方式。此时,模仿课文中的句子来写句子是最常见、最基本的教学方式:其一,用词语造句。用词造句的作用不可小觑,引导学生用词造句,可以有效培养学生的童心童趣。在课堂中,教师可以先让学生练习词语搭配,如"相互"一词,可以搭配出"相互学习""相互安慰""相互追逐"等,之后再引导学生使用词组造句。其二,使用课文中的句式造句。如"点播机一边开沟、施肥,一边播种、盖土",教师引导学生先将句子中的关联词"一边……一边……"找出来,让学生清楚这一句子的分句为并列关系,然后教师可以将这一句式设置为填空题,让学生进行填空造句游戏:①妈妈一边看电视,一边……;②我们一边……,一边……;③……一边……,一边……。结合教学内容进行游戏,可以有效调动学生的参与积极性,促使学生自主进行知识的探索,锻炼学生独立使用固定句式造句的能力。

最后,在理解语言的基础上,引导学生加强句子的积累。小学低年级的学生擅长模仿和记忆。通过背诵可有效增强学生的记忆力,还有助于提高学生理解能力。因此,在小学第一学段,教师要让学生多进行名言警句、优秀文章段落的背诵,同时教师要对学生的背诵成果进行检验。背诵课文并不仅是单纯的应付作业,而是应该边朗读、边理解、边背诵。对于部分内容还可以采取听写的方式,教师要按照标点符号停顿来念,要求学生将相应的标点符号书写出来。这样的方式不仅可以帮助学生理解、积累句子,还能巩固学生完整句子的概念。

二、第二学段阅读教学

学生进入小学第二学段时,已经积累了一定的识字量,所以这一阶段的阅读内容明显增加，不管是学生阅读能力训练的广度还是阅读能力训练的深度，与第一学段相比较都有了明显区别。《义务教育语文课程标准（2022年版）》中对于第二学段的阅读教学要求共有六条，强调了第二学段阅读教学中的侧重点，主要包括默读能力和习惯的养成、概括段落大意能力的养成以及流利朗读文本能力的养成等（图4-4）。

图4-4 第二学段阅读教学重点

（一）默读教学

与第一学段学生的阅读教学任务对比，默读是第二学段新增加的内容。所谓默读，即不出声地进行文本内容阅读，这是语文阅读训练中基础且重要的形式，对于改善学生的阅读能力具有显著作用。

小学阶段对学生进行默读训练，主要涉及四个方面：其一，在默读的过程中保持注意力集中，不出声、不动唇、不指读、不摇头晃脑；其二，默读的速度要逐步提高；其三，默读过程中要做到阅读、理解和记忆同时进行，有助于提升学生理解文本内容的能力；其四，根据不同的阅读目的调整阅读速度，掌握精读和略读的方式。培养小学生默读能力的根本目的在于帮助学生养成阅读时保持注意力集中的习惯，实现默读的效果。

小学第二学段是学生进行阅读活动的初始阶段，不管是受到阅读能力限制，还是受学生身心发展规律的影响，学生在开始进行默读训练时都会存在不适应的情况。学生可能会延续轻声指读的方式进行文本阅读，其中有部分学生可能会一边用手指指认文字，一边动嘴唇而不发出声音地进行阅读。虽然这样的阅读方式并没有发出声音，但是在学生的心里是一字一句读给自己听的，这样的"心读"会严重影响阅读速度。

如何完成《义务教育语文课程标准（2022年版）》中提出的让学生学会"初步学会默读，能对课文中不理解的地方提出疑问"这一教学目标，是众多小学中年级语文教师不断探究的课题。加强小学生默读能力的训练，让学生养成默读习惯对于推动学生的阅读能力发展意义重大。提高学生的默读能力，需要先培养学生良好的默读习惯。首先，引导学生养成心平气定、注意力集中的默读习惯。当学生专心进行阅读时，教师要避免对学生造成干扰。部分教师为了对学生进行引导，会在学生阅读的过程中不断对学生进行提问，这样会影响学生的阅读思路，反而不利于提高学生的阅读效率。教师要尽可能减少对学生造成干扰，当学生举手寻求教师的帮助时，教师轻声走到学生跟前俯身询问即可。在课堂中营造良好的默读环境，对于提高学生的默读质量具有积极作用。其次，引导学生结合默读训练目标展开限时默读练习。明确的学习任务可以让学生找到正确的学习方向。所以想要在课堂中组织学生进行默读练习，教师在课前就要帮助学生了解本节课的默读练习目标，以目标为导向进行限时默读练习，可以促使学生更专注地进行默读，从而提高学生的默读能力。再次，引导学生养成按句号默读的习惯，这也是学生必须掌握的一项能力。教师要引导学生用眼睛把握词组和句子，而不是按照字节进行阅读。按照句号进行默读，可有效提高学生的阅读速度，改善学生的语言习惯，还能有效促使学生养成整体阅读的意识。最后，引导学生养成边读边想边记忆的习惯。教师可以引导学生养成在默读过程中进行批注的习惯。默读最大的好处之一就是不会被其他学生的读书声干扰，从而为学生专心阅读提供环境基础。在不规定时间的默读过程中，教师要让学生一边进行句子的"阅读"，一边思考句子描写的内容以及句子的含义。在阅读的过程中将自身比较感兴趣或者无法完全理解的词语或者句子标出，方便后续的反复阅读与揣摩，这样可以有效提高学生的阅读质量。学生认真研读文本内容，可以充分体会文本内容中蕴含的思想情感，形成深刻记忆。

值得教师注意的是，在小学第二学段对学生进行默读训练时，要结合学生的实际能力制定训练目标，默读训练目标的制定要符合学生实际情况，不可定过高或者过低的目标，避免对学生的默读训练造成不良影响。进行默读训练，切不可要求学生进行一目十行的速读，还要注重将默读训练与跳读、浏览区分开来。

（二）概括段意

学生在第一学段的阅读教学中已经认识并明确了的自然段，在进入第二学段之后需要掌握概括段落大意的能力。明确、完整、连贯地进行段落大意的概括，不仅可以有效锻炼学生的思维能力，还能有效提高学生的语言表达能力。

在第二学段的阅读教学中要加强对学生概括段意能力的培养，教师要注重遵循循序渐进原则，可以将概括段意能力的培养分为简单和困难两个阶段。第一阶段通常在小学三年级进行，主要是培养学生概括自然段大概意思的能力。如果让学生概括全文大意，学生就需要一次性将三四个甚至更多个自然段的大意进行总结，这显然超出了低年级学生的能力，不仅无法有效锻炼学生的概括能力，还会打击学生的学习自信。因此，概括能力的训练应先从概括自然段大意开始，这样既可以有效降低概括的难度，也更符合学生身心发展实际水平。学生通过努力完成学习任务，获得成就感，这样有助于激发学生更多的学习热情。当学生有了一定的概括能力之后再进行第二阶段的训练，带领学生学习概括意义段的大意，并且这一阶段的训练要持续到小学毕业。

对学生进行概括意义段的训练要建立在一定基础之上：首先，训练过程中，教师要为学生留出充足的时间进行课文的阅读和理解，只有学生对课文的每一个自然段的内容都真正理解了，才能进行概括训练。如果学生对课文内容都不理解，自然无法准确概括课文大意。其次，教师要帮助学生明确概括段意的方式与要求。进行段意概括的要求为全面、正确、简洁。教师在第二学段进行段意概括能力的培养时，要将概括段意的一些基本方式传授给学生，包含摘句法、联合法、替换法、归纳法等。最后，学习概括段意需要一个循序渐进的过程，由于教材中的课文难易程度不同、篇幅长短不同，所以概括段意训练的过程也会起起伏伏，呈现螺旋成长形态。

在第二学段培养学生概括段意的能力时，对于每一种概括方式的学习，教师都要利用3～5个自然段对学生进行集中教学。纵观第二学段教材中课文的写作思路，分段方式分为按事情发展的顺序分段、按观察点的顺序分段、按时间发展的顺序分段、按照叙述方式分段、按事物性质分段这几种。课文结构主要包含总分、分总、总分总等。有的段落中心句在段首，有的中心句在段中，也有的中心句是在段尾。使用中心句概括段意是一种简单有效的方式，教师可以带领学生多次训练直到学生掌握找段落中心句的方式。第二学段教材中包含大量并列结构的课文，教师要先引导学生厘清课文思路，再分析段落要点，先用一个词语对段落进行概括，再将词语变成完整句子；或者用几句话总结段意，之后再逐一删去多余成分，最终成功概括段意。使用这些方式概括段意，不管段落结构如何，只需抓住主要意思，即可有效概括段意。

三年级展开概括段意能力的训练，教师可以组织学生以多种形式进行练习，比如同桌合作、小组合作等方式。教师可以先教会学生一种概括段意的方式，再逐步结合课文的具体结构，引导学生学习其他概括段意的方式，并引导学生多加练习，有效促使学生概括段意的能力逐步提高。

（三）流利朗读

所谓"读书百遍，其义自见"，可见，阅读对于学习活动所具有的重要性。正确流利地朗读文章，是学生学习语文以及其他学科的基础。语文学科教学的核心任务是帮助学生养成良好的语言习惯，而通过反复朗读和揣摩，可以提升学生的阅读能力。第二学段的学生进行文章朗读，要做到正确、流利、有感情。所谓"流利"地朗读，不仅需要反复阅读来理解文章含义，还需要通过朗读，用心体会文章背后的"韵致"。所以学生想要掌握"流利"朗读的能力，不仅要避免低年级朗读一字一顿地弊病，还要在朗读速度适中、语句连贯的基础上达到字字顺心、句句上口的效果。

为培养学生流利朗读的能力，教师需要按照一定步骤带领学生进行训练。第一步，解除语言障碍。流利朗读一定是建立在学生认识文章中所有字词的基础之上的，所以教师必须要求学生认准字形、读准字音，并保持恰当的语速进行朗读。第二步，创设情境。良好的课堂情境可以让学生保持更好的学习状态，因此进行文章朗读时，教师必须为学生创设良好的朗读情境。在学生理解文章内容后，教师要通过多种方式为学生创设与文章内容、背景相适应的情境，让学生进入文本内容规定的语境之中进行练习。第三步，引导感悟。在阅读教学中，教师要扮演好引导者的角色，加强与学生之间的互动，通过有效对话，引导学生在朗读的过程中体会和感悟，把握文章的主要内容以及情感主线，体会作者写作的手法，感悟文章中生动形象的描写以及优美的语言，在理解和感悟的基础上反复进行朗读，最终实现正确、流利朗读课文的目的。

朗读的形式不是一成不变的，学生可以独立进行文章朗读，也可以与其他学生合作朗读，还可以全体学生齐读、分组朗读、分角色朗读、接力读等。教师要做好课堂的把控者，虽然现代教育理念强调以学生为教学主体，但教师适时、恰当地引导，可有效优化课堂，让学生保持学习兴趣并按照正确学习方式进行学习。因此，在朗读训练中，教师可以组织学生尝试各种不同朗读形式，有效调动学生的朗读积极性，让学生在多种形式的朗读活动中锻炼自身的朗读能力，最终实现教学目标。

三、第三学段阅读教学

《义务教育语文课程标准（2022年版）》中针对第三学段的阅读教学要求第一条就明确提出"熟练地用普通话正确、流利、有感情地朗读课文"。可见，在第三学段阅读教学中，教师要重点培养学生的朗读能力（图4-5）。

图4-5 第三学段阅读教学重点

（一）有感情地朗读

中华人民共和国成立以来，在关于语文教学的所有文件中，都将"正确、流利、有感情地朗读课文"作为小学语文教学的基本且重要的要求。在《义务教育语文课程标准（2022年版）》中制定的小学第二学段和第三学段的阶段教学目标中都有"用普通话正确、流利、有感情地朗读课文"这一项，可见朗读能力的培养对于学生发展的重要性。

现代教学理念强调培养学生的能力，所以小学语文阅读课堂教学的重点是培养学生具备感受、理解、欣赏和评价的能力。而这些能力的培养，都可以通过有感情地朗读来实现。让学生有感情地进行朗读，既是语文教学的目标，又是教学的一种手段。《现代汉语词典》中将"感情"解释为"对外界刺激的比较强烈的心理反应"。我国著名教育家叶圣陶先生将有感情地朗读称为"美读"，有感情地朗读文章，可以让学生在理解文章的同时，对文章中的思想情感进行感悟；可以让学生深切体会语言蕴含着情感的强大功能，让学生充分认识语言美、体验语言美，并激发学生使用语言创造美的意识和能力。培养学生有感情地朗读的能力，可以有效推动学生语感的提升，可以帮助学生将文本中的语言内化，在潜移默化中推动学生语言水平的发展和进步。因此，"书声琅琅"成为一节优秀语文课的重要特征。

培养学生有感情地朗读的能力，首先，教师要了解班级内学生的水平和特点，并结合学生的实际水平分层制定教学目标。初级目标：正确、流利地朗读文章，情感不一定外显；中级目标：学生的朗读符合课文的情感基调，阅读过程中语调有变化，让倾听者感受到朗读者的情感；高级目标：阅读过程中要抑扬顿挫，有情绪的起伏变化，朗读要有一定的感染力。其次，教师要正确选择朗读训练的材料。说明文、应用文一般不适合进行有感情朗读的训练，对于叙事写人、状物写景、童话寓言和古诗文的文本，教师也要注意筛选，要选择富含情感或者文章中主人公富含真情的作为训练材料。为提高训练效果，教师还要注重对训练材料进行二次选择，要选择文章中情感饱满、积极向上的段落进行训练。如《小英雄雨来》中有对日寇癫狂行为进行描写的段落，虽然语言夸张，但不适合作为有感情朗读训练的材料。

有感情地朗读是阅读教学的标准，学生首先需要与作者或者文章中的主人公产生情感共鸣，这是实现有感情朗读的基础，因此，有感情地进行文章朗读，不仅是一个结果，更是一个教学过程。加强学生朗读能力训练，可以让学生在朗读过程中充分体会情感美、意境美以及语言美。学生有感情地朗读文章，需要经历一个从感知到理解、到共鸣、再到内化的过程。学生初次接触一篇文章时，其对于文章的自主感悟十分重要，真正有感情地朗读，是学生情感的自然流露，而不是基于朗读技巧的表演。

(二)概括课文内容

概括课文的能力,是学生智力的重要体现。概括课文主要内容是小学阶段阅读教学的重点教学目标。培养学生概括能力,对于推动其阅读核心能力的发展具有积极意义。概括课文内容,需要经过解读、理解、分析、梳理、重新编码、输出信息这一完整的过程。概括能力的训练不是一蹴而就的,教师要注重结合学生的实际能力,科学、分阶段、反复地训练引导学生获得发展与进步。小学阶段学生的思维能力尚在发育过程中,以具象思维为主,缺少概括课文内容的经验以及能力。概括课文内容需要做到"准确把握文章主干,使用正确流畅的句子进行概括,语言简练",这对于小学阶段的大部分学生而言无疑是有难度的。

想要最终实现培养学生课文概括能力的目的,教师就要把握好学生概括能力训练的每一个环节。从三年级开始,学生进行概括段意的训练;进入四年级,学生开始进行课文主要内容的口头概括。教师要引导学生掌握抓住课文主干的方法,再引导学生使用连贯的句子和简洁的语言进行内容概括,即可逐步带领学生提高概括课文主要内容的能力。

在概括课文内容的训练过程中,教师要适当组织学生进行小标题概括的训练,这样可以有效锻炼学生抓住要点进行概括的能力,对于发展学生概括整篇课文的能力也具有积极作用。教师在课堂中可以为学生示范精读课文之后进行内容的概括,帮助学生掌握概括课文内容的方法,之后可以组织学生自主或者合作进行课文主要内容概括的训练。值得注意的是,由于小学生能力水平有限,教师一定要选择符合学生身心发展水平的文章。

(三)读写结合练习

阅读和写作之间存在密切的关系。阅读是学习语文的主要方法,通过阅读,学生可以了解历史、文化和生活,可以实现语言知识的理解、消化、吸收和积累。所谓"写",是阅读内化的语言,是写法的模仿、迁移,是在阅读过程中激活生活记忆,提炼情感和价值观的途径。在小学阶段的阅读教学中,运用读写结合的教学模式,不仅可以帮助学生锻炼表达能力,还能有效促使学生的语言运用能力、思维能力获得良好发展。下面针对读写结合的三大教学策略进行详细介绍。

1.读写对应

通过阅读和理解文本内容,体会其中的思想情感。不止如此,学生还要通过阅读了解文章作者的写作手法，做到"知"文本语言的奥秘，并用写作将"知"转化为"行"。拿到一篇文章，学生要读懂文章的题目，并掌握自拟题目的能力；通过阅读品评文章，通过写作练习遣词造句；阅读中对文章进行分段，并概括段意，写作练习拟定提纲等（表4-1）。以阅读为出发点，找到写作练习中的对应点，读写对应，可有效实现阅读和写作的相互促进，推动学生阅读和写作能力同时提高。

表4-1 读写对应示意图

读		写	
序号	出发点	序号	对应点
a	理解文章标题	a	练习自拟题目
b	品评文章	b	练习遣词造句
c	分段、概括段意	c	练习拟提纲
d	把握文章重点段落	d	练习突出文章重点
e	学习文章主次	e	练习详略得当
f	归纳文章中心	f	练习表现中心
g	学习写作顺应	g	练习按照顺序写作

2. 开源导流

小学阅读教学中，运用读写结合模式时要注重高效。在课堂教学过程中，教师要选择恰当的时机引导学生调动自身的情感记忆，快速有效地建立读写结合的基础；教师还要注重将学生对认知规律、文本意蕴的侧重点和写作训练关键点进行有机结合，优化读写结合的教学活动。小学阶段的写作训练，要注重培养学生热爱生活、观察生活的意识和习惯，从而实现写作素材的积累，这就是找到了写作之"源"，有了"源"头还要注重导"流"，将学生的实际生活与教材中的文本世界进行联系，帮助学生逐渐掌握汉语言运用的规律以及方法，让学生掌握文本内容中自身所需要的语言知识。

3. 读写有机结合

将阅读教学与写作教学进行有机结合，不仅要在阅读过程中关注学生的情感态度价值观培养，在写作练习中也要发挥写作的育人功能。写作并不是简单的文字游戏，教师要对学生进行恰当引导，让学生的思想、知识技巧等方面得到提升，有效发挥写作教学的教育性。

第三节 小学语文阅读课堂教学的创新策略

小学语文阅读课堂教学的创新策略如下（图4-6）。

图4-6 小学语文阅读教学创新策略

一、贯彻双减政策，培养学生自主学习能力

在现阶段的小学语文教学中，学生的课业十分繁重，因此相关教学管理部门出台了双减政策，目的在于减负提效。双减政策主要从两个方面来减轻学生的负担：其一，学校内部的教育；其二，学校之外的教学机构。学校内部的减压主要体现在：小学低学段的学生不布置课后作业，不进行期末考试；对于高学段的学生，教师要注重课后作业的量，控制学生完成作业的时长，并且对课后作业进行分层，让学生结合自身实际能力完成作业。为配合学生家长的上下班时间，学校内部提供课后延时服务，为学生制定了多样化的延时活动，学校也为教师制定了

弹性工作制。学校之外的教学机构减压，表现为对校外培训机构进行合理管理，对学校之外的教学机构授课时长有了明确的规定，不可超过30分钟。因此，在小学语文阅读教学中，教师要注重贯彻双减政策，减轻学生的学习压力，鼓励学生展开自主学习，从而提升学生自主学习能力。

开展小学语文阅读教学，教师要注重引导学生边阅读边思考，遇到不认识的字词，让学生学会通过上网查询或者查阅工具书的方式自行解决问题。培养学生自主学习能力，教师应将各种收集阅读素材的渠道分享给学生，并让学生熟练掌握，如图书馆查阅、期刊报纸查阅、互联网查询等。教师要清楚学生的实际阅读需求，进而为学生推荐有针对性的阅读材料。结合教学内容为学生推荐课外读物，可加深学生对于课内知识的理解程度，还可帮助学生拓展课外知识。除此之外，双减政策中明确指出要为学生减轻学习负担，所以教师要培养学生整合和归纳素材的能力。在整合素材的过程中，可以促使学生不断对阅读的知识进行理解，这样有助于学生构建完整的知识结构。学生通过阅读，可以积累一些优秀的语段和句子，进而提升自身的语感。教师要帮助学生掌握挑选阅读素材的方式，让学生结合自身阅读需求，快速找到适合自己的阅读材料。教师还要引导学生梳理阅读结构，这对于提升学生的自主阅读能力大有裨益。

二、利用现代技术，创建适宜阅读的教学情境

小学生年龄较小，缺少生活经验，对所有新鲜事物都充满好奇心，教师开展阅读教学时，即可充分利用学生这一特点，培养学生的阅读兴趣，以学生的兴趣为切入点，引导学生展开阅读，有效促使学生对阅读产生热情。教师可以结合语文教学目标的内容，为学生制定阅读要求；结合学生实际阅读水平，明确阅读教学目标。在实际阅读教学中，以学生的兴趣点和好奇心为基础，创设符合学生认知特点的阅读教学情境。

开展阅读教学时，教师可以将现代化技术作为教学辅助工具来创设合理的教学情境。创建良好的教学情境，可以有效调动学生的阅读积极性，提升学生的情感体验，促使学生将自身情感带入，产生情感共鸣，有助于加深学生对于阅读材料的理解。例如，学习《美丽的小兴安岭》这篇课文时，由于学生生活阅历少，很难在脑海中完整想象小兴安岭春夏秋冬的景象，此时教师就可以充分利用互联网教学设备，为学生展示从网络中搜集到的关于小兴安岭一年四季景象的素材。

优美的风景和美丽的色彩，可以快速抓住学生眼球，激发学生的探究兴趣。教师还可以引导学生从不同角度理解阅读文本，实现教学内容的拓展，丰富学生的知识。例如，教师可以为学生播放关于小兴安岭的气候、物产的视频教学材料，构建丰富的教学情境，对学生感官造成刺激，促使学生跟随教师节奏开展学习。最后，教师可以结合教学资源，对课文中的句式、字词、作者的表达手法等进行讲解，带领学生深度分析文本，加深学生对于文本内容中蕴含的思想情感的感悟。针对不同的阅读材料，教师要选择不同的阅读教学方法，并且在教学过程中结合具体的阅读教学材料写作逻辑，积极探索更符合小学生认知规律的阅读方式。

三、强调教学主体，有效完善学生的阅读体验

在传统阅读教学中，教师首先会要求学生自主展开阅读，让学生对文章内容进行大概了解，接着进行文本内容的教学，最后带领学生分析文章脉络结构，并细致分析文中的句式。这样的教学过程能够收获一定的教学成果，但是并没有突显学生的教学主体地位，与现代教学理念不符。因此，开展小学语文阅读教学，教师需要贯彻"生本理念"，突显学生的教学主体性，提升学生的阅读体验，这样才能更有效地促使学生的阅读水平获得提高。

素质教育背景下，教师要注重在教学中提高学生的主体地位，这是教师进行教学改革与创新的指导思想。实际阅读教学中，为完善学生的阅读体验，教师必须深度了解阅读文本，分析文本的难易程度，再结合学生的实际能力水平，让学生展开自主阅读。想要确保学生自主阅读的有效性，教师要注重制定科学的阅读教学计划。在课堂导入部分，教师要结合阅读材料对学生提出问题，让学生结合问题自主进行文本内容的阅读与分析，这样可以帮助学生快速掌握文本的核心内容以及其中蕴含的思想情感；在学生阅读完文本内容后，让学生回答在课堂导入环节教师提出的问题，学生要用自己的语言回答问题，并阐明理论依据；之后引导全体学生展开讨论，提升每一位学生的课堂参与感。让学生带着问题进行阅读，可以有效提高学生的思维能力，还可促使学生的阅读理解能力获得发展。学生通过阅读，积累大量丰富的知识和经验，有助于完善学生自身阅读知识体系，丰富学生自身的阅读体验。

四、展开主题阅读，实现质量兼得的阅读效果

随着我国教育指导思想的改革，以及《义务教育语文课程标准（2022年版）》的推行，加强学生语文学科核心素养的培养，已成为语文教师的核心工作任务。通过分析近几年的高考语文试卷发现，考试不仅对学生的阅读范围、阅读量和阅读速度进行了考察，还考察了学生的答题速度、理解能力以及语文水平。培养学生的语文学科核心素养是一项需要长期坚持、有序进行的工作，因此在语文教学中，教师要抓住语文的本质——阅读，然而仅阅读语文教材中的内容是远远不够的。教师必须结合课内知识进行课外阅读拓展，每讲解一篇课内课文，可以连带着让学生进行多篇课外文章的阅读，课外阅读内容不一定要进行精读。通过增加阅读量，学生可以积累大量优秀字、词、句、段，有效提升语感。可见，增加学生的阅读量，让学生阅读优秀的文本内容，不仅是现阶段的语文观、教材观、课程观的刚性要求，也是新时代语文教学的目标和方向。

（一）一课一得

阅读主题的确定，可以围绕两个方向进行，分别是"人文主题"和"语文要素"，这两个主题可以充分彰显语文课程人文性与工具性的统一，还可为小学语文教学改革提供理论依据和行动指南。所谓"一课一得"并不是指一课只能有一得，而是指一课教学要重点突出一得。在教学中，由于教学时间有限，教师不可能做到面面俱到，所以教师需要制定明确的教学目标，为学生重点讲解关键内容。例如，在学习《大青树下的小学》这篇课文时，教师要在教学中突出"针对阅读中遇到的新鲜词汇进行交流"这一得；在《听听，秋的声音》这篇课文的教学中，教师要注重突出"运用已经掌握的方法进行词语的理解"这一得；在进行《卖火柴的小女孩》这篇文章的教学时，要注重突出"通过多种方法感受童话中丰富的想象"这一得。要想在教学中突出一课的一得，教师必须在进行教学之前将课文深究透彻，抓住文本内容最有学习价值的核心，突出教学重点，提高阅读教学质量。

（二）限时背诵

"限时背诵"是一种既高效又实用的语文阅读课程教学策略。开展主题阅读教学时，教师要在有限的课堂教学时间内，进行大量教学内容的讲解，所以教师

必须采取更便捷高效的教学方式。从低年级学生的词语积累，到高年级学生诗词歌赋、精彩片段的记忆，教师都需要给出学生明确的学习记忆时间。随着学生年龄的增长，背诵能力也会逐步增强，对于那些要求背诵的课文，篇幅相对较短的，学生通过反复阅读即可形成记忆；对于篇幅较长的，教师要引导学生将整篇课文分为几个部分进行背诵，只需花费几天时间，学生也可完成整篇文章的记忆。

五、边阅读边想象，促使阅读质量获得提升

边阅读边想象是一种可以帮助学生快速理解阅读内容的方法。在阅读的过程中，将文字在脑海中转化为画面，可有效增加阅读的乐趣，并且对于提升小学生的阅读理解能力效果显著。因此，小学语文教师在日常阅读教学中，应帮助学生掌握这一高效阅读的方式。例如，在进行《长城》这篇课文的阅读教学时，即可对学生进行边阅读边想象的训练：

单看这数不清的条石，一块有两三千斤重，那时候没有火车、汽车，没有起重机，就靠着无数的肩膀无数的手，一步一步地抬上这陡峭的山岭。

——《长城》

师：同学们，接下来我们一起来读一读这段话，并结合文字想象一下那是什么样的画面。

师生齐读。

师：同学们，你仿佛看到了一幅怎样的画面呢？

生1：老师，我看到工人背着条石艰难地在往高处爬。

生2：老师，背条石的工人腰都被压弯了。

师：那通过这样的画面，你体会到了什么？

生：老师，这些工人太辛苦了。

师：是的，工人们很是辛苦，所以，作者在文章中发出了怎样的感慨呢？

生：多少劳动人民的血汗和智慧，才凝结成这前不见头、后不见尾的万里长城。（齐读）

师：美国前总统里根也曾登上我国的万里长城，并且说："长城是世界上最伟大的奇迹之一，确实令人鼓舞。人们在上面爬坡都感到吃力，可以想象当年建造长城时需要什么样的智慧和力量。"同学们，听到这样的评价，你有什么感受？

生1：老师，古代人真的很智慧。

生2：是的，并且他们吃苦耐劳，真的太伟大了。

生3：没有古代人的智慧和付出，就没有如今举世闻名的万里长城。（升华情感）

通过这样的阅读教学过程，引导学生边阅读边想象，将平面的文字转化为脑海中生动的画面，这样可以有效加深学生对于文章的理解程度，从而加深学生对于文章内容的感受。小学语文教师应该在课堂中带领学生进行有关想象的训练，锻炼学生的想象力和思维能力，还可以让学生深度掌握这种行之有效的阅读方法。

总之，在现代教育理念下，教师要注重对小学语文阅读教学的方式进行创新，这样才能切实改善学生的阅读理解能力，提高学生的语文综合素养。在创新教学方式的过程中，教师要充分考虑学生的学习需求、学习能力，为阅读教学方式的有效创新做好铺垫。加强学生阅读能力的培养，可有效提升学生的语文综合能力，促进学生语文学科素养获得可持续发展。

第五章 小学语文写作课堂教学探讨

本章主要进行小学语文写作课堂教学探讨,介绍了小学语文写作教学的阶段要求与理念,以及写作教学的程度,还介绍了小学生写作兴趣的激发与培养,以及提高学生写作水平的方法。

第一节 小学语文写作课堂教学简述

语文课程的教学目标在于提高学生的语文能力,其中包含语文听、说、读、写的能力。写作能力是小学生必须具备的一项基本能力,相较于听、说、读的能力,写作能力更为关键,也是语文教学中的难点内容。所以,小学语文教师要注重对学生写作能力的培养,以推动学生的语文素养改善,确保完成小学语文教学目标。

一、小学语文写作课堂教学的阶段要求和理念

(一)小学语文写作课堂教学的阶段要求

在《义务教育语文课程标准(2022年版)》第一学段的表达与交流的阶段要求中,关于小学语文写作课堂教学提出了两点要求:第一,对写话有兴趣,留心周围事物,写自己想说的话,写想象中的事物,在写话中乐于运用阅读和生活中学到的词语;第二,根据表达的需要,学习使用逗号、句号、问号、感叹号。

在《义务教育语文课程标准（2022年版）》中对于第二学段的写作课堂教学要求也包含两点：第一，观察周围世界，能不拘形式地写下自己的见闻、感受和想象，注意把自己觉得新奇有趣或印象最深、最受感动的内容写清楚。能用便条、简短的书信等进行交流。尝试在习作中运用自己平时积累的语言材料，特别是有新鲜感的词句。第二，学习修改习作中有明显错误的词句。根据表达的需要，正确使用冒号、引号等标点符号。课内习作每学年16次左右。

对于第三学段的写作课堂教学要求：第一，懂得写作是为了自我表达和与人交流。养成留心观察周围事物的习惯，有意识地丰富自己的见闻，珍视个人的独特感受，积累习作素材。第二，能写简单的纪实作文和想象作文，内容具体，感情真实。能根据内容表达的需要，分段表述。学写读书笔记，学写常见应用文。第三，修改自己的习作，并主动与他人交换修改，做到语句通顺，行款正确，书写规范、整洁。根据表达需要，正确使用常用的标点符号。习作要有一定速度。课内习作每学年16次左右。

综合分析《义务教育语文课程标准（2022年版）》中提出的小学三个学段的语文写作课堂教学要求可以发现，小学阶段语文写作教学要求主要表现为在作文培养目标上，强调学生写作意识的养成，以及学生的个性发展，致力人文合一；在写作教学的方式上，注重学生人文精神以及人文素养的培养，强调引导学生深度体会人生、唤醒生命，注重学生人格的养成，强调引导学生以自身创造性思维进行文章的写作，强调要培养学生的创新思维以及创新精神；在写作内容上，强调要贴近学生的实际生活，要注重丰富学生的生活，增加学生的阅历，培养学生观察生活的意识和习惯，获取更多的感性认识，积累写作素材，提升写作能力。

除此之外，各个学段的写作教学目标有明显的层次，由简到难，由浅入深，呈现缓慢上升的势态。

（二）小学语文写作教学的理念

小学语文教师开展写作教学时，首先要明确现代写作教学的价值取向，深度解析写作教学的过程，注重以多种形式实现写作教学质量的提高。为切实提高小学生的写作能力，在小学写作教学中需要做到以下几点（图5-1）。

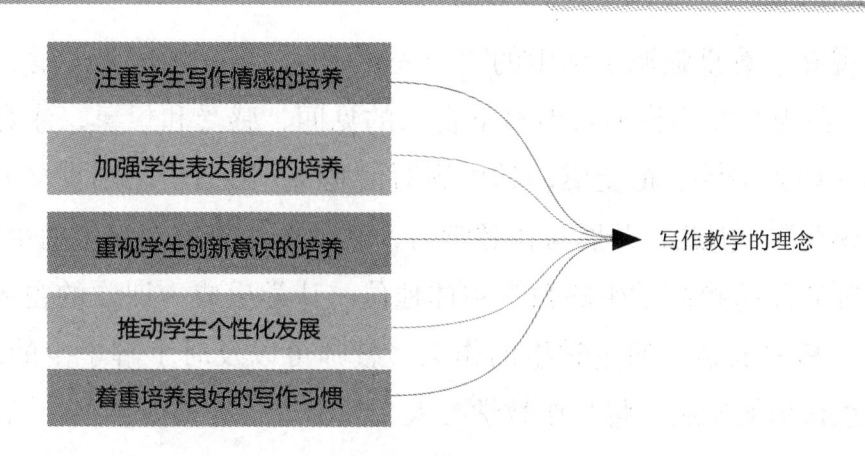

图 5-1 写作教学的理念

1.注重学生写作情感的培养

心理学研究表明，情感因素是影响人们接收信息的关键因素，积极的情感态度可以为学生的学习提供源源不断的动力。因此，开展小学语文写作教学时，要将学生的情感、态度、价值观放在核心位置，教师要注重培养学生的写作兴趣和自信心，并在教学目标的制定、教学活动的开展以及教学评价活动中具体落实。①

2.加强学生表达能力的培养

人们在生活和工作中避免不了通过口头表达或者书面语言向他人传达自身思想和情感，因此在小学生的写作教学中，不仅要注重提高学生的观察力、联想力，引导学生加深对于生活的感悟，丰富学生的情感和精神时间，还要注重改善学生的分析能力、理解能力以及语言文字的运用能力。

3.重视学生创新意识的培养

开展写作教学时，首先要培养学生的观察能力，通过观察生活，可以收获更多知识和经验，从而积累丰富的写作素材，还要注重培养学生的创新意识与能力。在日常教学中，教师要有意识地培养学生养成观察生活、社会、自然的习惯，并基于自身的知识和观念，对外界事物形成新的理解。在写作的过程中，以创造性思维进行记录和描述，鼓励学生勇于表达自身的所思所想，有效促使学生创新意识与创新能力得到良好发展。

4.推动学生个性化发展

分析《义务教育语文课程标准（2022年版）》中对于各个学段写作教学的要

---

① 李小军.试析深度学习理念下小学语文写作教学策略[J].课外语文，2021（16）：113-114.

求，可以发现其中着重强调了学生的"个人感受"，第一学段为"写自己想说的话"；第二学段为"能不拘形式地写下自己的见闻、感受和想象，注意把自己觉得新奇有趣或印象最深、最受感动的内容写清楚"；第三学段则直接要求"珍视个人的独特感受"。因此，开展写作教学时，教师要注重推动学生的个性化发展。教学中，教师要注重提高学生的教学主体地位，让学生成为课堂的主人，鼓励学生大胆想象、勇敢表达。通过学生的作文，教师可以及时了解学生的思想动态，推动学生思想认识的发展，将写作教学与人文教学进行有机结合。

5.着重培养良好的写作习惯

所谓良好的写作习惯，即细心观察、用心感悟、勤于练笔。教师要引导学生养成认真观察生活的习惯，积累丰富的写作材料。进行写作之前，认真构思，把握文章整体结构；写作时，注意笔记工整，避免错别字，正确使用标点符号；写作完成后，认真阅读，进行修改与调整。对于他人与教师对自己作文的点评，要认真倾听、虚心接受。[1] 注重培养学生良好的写作习惯，对于学生的终身发展具有积极意义。

二、写作教学的程序

写作教学是一个系统的、有序的、长期训练的过程，对不同学段的学生进行写作教学，要注重采取不同的策略。日常教学中要注重加强学生的写作训练，结合学生的实际情况进行有针对性的引导，才能确保顺利完成各个学段的写作教学目标。

（一）写作教学的一般程序

小学阶段的写作教学，要按照由说到写的流程来进行。在小学语文教学中，教师要从写话练习入手，引导学生调动思维，以学生自己喜欢的方式进行自由表达，锻炼学生由句到段再到篇的写作能力（图5-2）。

---

[1] 郭瑞.小学语文写作教学方法研究[J].散文百家（理论），2020（12）：161.

```
写作教学的一般程序 ─┬─ 第一学段：加强写话练习，开启写作之门 ─┬─ 引导学生开口说话
                  │                                      ├─ 激发学生写话兴趣
                  │                                      ├─ 勇敢表达自我
                  │                                      └─ 培养学生"学"和"用"的意识
                  ├─ 第二学段：鼓励学生自由表现，加强日常训练
                  └─ 第三学段：着重练习作文写作，提高写作能力
```

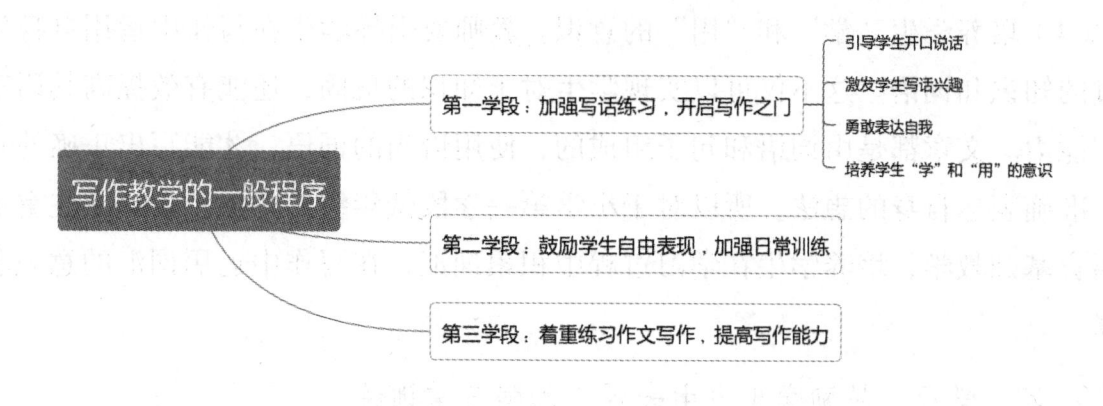

图 5-2　写作教学的一般程序

1. 第一学段：加强写话练习，开启写作之门

所谓写话，就是把自己内心的想法写下来，这是最基础的写作训练。第一学段的学生，能力和知识都有限，所以可以从说话开始，锻炼学生语言文字的运用能力，让低年级的学生从说话到写话进行练习，可为学生后续写作打下基础。

（1）引导学生开口说话。写作，就是将自己想说的话说出来，并在纸上写下来。开展写作教学，要先引导学生开口说话，把自己想说的话说出来，此后再进行书面表达。学生在进入小学之前都已经具备了说话的能力，随着在学校学习的知识越来越多，思维也变得越来越活跃。教师要在课堂中制造各种机会，让学生"说"出自己内心的想法，不断开发学生"说"的潜能。

（2）激发学生写话兴趣。教师要探索多种有效方式，调动学生的写话兴趣。在面对事物时，教师要想办法调动学生的好奇心，引导学生对事物进行思考和探索，并将自身的想法书写下来与他人分享。对于学生写出的话，教师要及时进行赞扬，让学生感受到成就感。如此可以让学生感受到：将自己的想法写下来，与教师和同伴分享，是一件很有乐趣且很有成就感的事情，自然可以有效激发学生写话的兴趣。[1]

（3）勇敢表达自我。引导学生写出自己内心的真实想法，描述自己对事物的独到见解。每个学生的经历不同，能力基础不同，对于同样的事物也会产生不同的看法。教师要鼓励学生表达自己内心的真实想法，切不可因为自身想法与他人不同，就羞于表达。只有引导学生勇敢写出自身对于周围事物的真实见解和感受，才能有效促使学生的知识和思维得到发展，为学生的个性化发展打好基础。

---

[1] 陈晨. 多措并举 助力低年级学生高效写话 [J]. 小学生（上旬刊），2022（4）：112.

（4）培养学生"学"和"用"的意识。教师要引导学生在写作中运用自身学习过的知识和词语。这不仅可以实现学生对于知识的巩固，还能有效提高其语言运用能力。文章都是由词语和句子组成的，使用恰当的词语，才能写出正确的句子，准确表达自身的想法。所以对于小学第一学段低年级的学生，教师要注重加强语言基础教学，培养学生在学习过程中积累词汇，在写作中运用词汇的意识和习惯。

2. 第二学段：鼓励学生自由表现，加强日常训练

学生进入第二学段后，已经有了一定的书面表达基础，除了帮助学生保持对写作的兴趣之外，教师还要引导学生养成观察周围事物的意识，积累写作素材，以多种形式书写自身的所见所感，注重提高自己文章的新颖度；还要鼓励学生乐于分享自己的习作，教师日常可以给学生布置给父母留便条或者给同伴写信的课后任务，为学生创造与他人进行书面交际的机会，引导学生在写作练习中运用平时学习过的语言材料，激发学生在写作中使用新鲜词句的欲望。同时，第二学段的写作要求学生正确使用流畅的语言，准确表达自己的想法，并且要使用正确的标点符号。

3. 第三学段：着重练习作文写作，提高写作能力

第三学段主要培养学生完成成篇作文的能力，这一学段的写作教学要注重培养学生从实际生活出发，关注现实，热爱生活的意识，如此可有效帮助学生积累丰富的写作素材，学生在进行写作时才能快速找到写作思路，达到下笔如有神的效果。教师要适当放宽写作要求，不要用条条框框束缚学生的思想，鼓励学生大胆想象、自由表达，但是要注意文章不可脱离主题，文章结构要有一定的条理。

第三学段的写作教学，教师要教会学生取材、构思、起草、加工等，并进行大量练习，让学生在实践中提高自身的写作能力。引导学生进行写作时，注重把握文章的立意和布局，可以通过文章的写作，让读者明确文中主要表达的意思；在立意之后要考虑文章内容中使用什么材料，按照什么样的顺序进行书写；还要注重锻炼学生的写作速度，要求学生可以达到40分钟内完成不少于400字文章的标准。

上述是小学三个学段的写作教学过程的安排。通过分析可以发现，小学阶段的写作教学，从激发学生的写话兴趣入手，到鼓励学生不拘形式的自由写作，最后到完成成篇作文，呈现出从开放到收拢的过程，也是学生的思维由发散到规范

的过程。开展小学阶段的写作教学，是一个长期的、有序的、系统的过程，要循序渐进，不可急于求成。采取激励手段，帮助学生树立写作信心，让学生从厌恶写作、惧怕写作，到喜欢写作、热爱写作，最后实现提高学生写作能力的目的。

（二）一次写作教学的过程

在传统的小学语文写作教学中，往往是教师教得认真，但学生难以有效吸收写作知识，写作教学效率难以提升。造成这一问题的原因是多方面的，有教师的因素，也有学生的因素。为改变这一问题，教师首先要注重引导学生养成善于观察生活的意识与习惯，从生活实际出发，用心体会，获得更多认知，并积累丰富的素材，这些都可以为学生的写作做好铺垫；其次完成一篇作文后，学生要仔细进行检查，查找错别字、用错的标点符号、表述不清楚的语句等，并进行修改；最后将作文提交给教师批阅，进行作文讲评并再次修改作文，这才是一次完整的写作教学过程。在一次写作训练中，学生需要经过"准备—表达—修改—总结"的流程。写作教学并不仅局限于课堂的40分钟，教师还要将写作教学与学生的实际生活建立联系，组织学生进行有针对性的写作训练，才能有效收获理想的教学成果。对于教师而言，一次完整的写作教学过程包含"了解准备—写作前指导—批改—讲评"这四个环节。

第二节 小学语文写作兴趣的激发与培养

很多学生都认为写作是一件枯燥乏味的事情，不愿意配合教师进行写作练习活动。有的学生在课堂中虽然可以积极参与关于写作的讨论，但是在课后"懒得动笔"，不愿意进行写作；还有的学生面对作文题目没有任何写作思路，感到无话可写。这都是导致学生写作效率低下、写作能力难以提升的原因。教师也会因难以在写作教学中收获满意的教学成效而感到疲累。为有效解决以上问题，语文教师就需要在写作教学方法上进行突破。结合现阶段小学生的身心发展特点以及认知规律，优化教学方法，改变教学策略，充分调动学生对于写作的兴趣，才是提高学生写作能力的前提。

针对小学生开展写作教学需要历经一个过程，从低年级地写话训练，到培养学生写段、写篇的能力，再到遣词造句、文章篇幅控制、逻辑连贯性等方面，逐步对学生提出更高要求。学生进入小学中年级后一开始接触写作训练，难免会感到难度较大，并且小学生的生活阅历相对较少，写作时会感到无从下笔，无话可说。这些原因都会导致写作教学难以顺利、高效地开展，无法提升学生的写作能力，令广大语文教师头疼不已。俗话说"兴趣是最好的老师"。因此，想要培养小学生的写作能力，就需要从培养学生的写作兴趣入手，在兴趣驱动下，学生才会愿意跟随教师的引导，花费时间和精力进行写作的学习和练习。[①] 兴趣是促使学生展开一切探究活动的内部推动力，不仅在学生的学习生涯中可以起着积极作用，还会对学生后续步入社会之后的事业发展有积极的现实意义。学生对写作产生兴趣，才能化被动为主动，积极参与写作练习活动，从而达到锻炼学生写作能力的目的。兴趣是影响学生写作效率的重要非智力因素。我国著名教育学家孔子早在两千多年前就曾表示："知之者不如好知者，好知者不如乐知者。"可见学习兴趣对学生学习效率和成果有重要影响。如何激发学生对于写作的兴趣，成为众多语文教师探索的课题。在小学生写作教学中，教师要先对学生进行深入了解，从学生实际出发，才能有效实现学生写作兴趣的培养，从而推动学生写作能力的发展（图 5-3）。

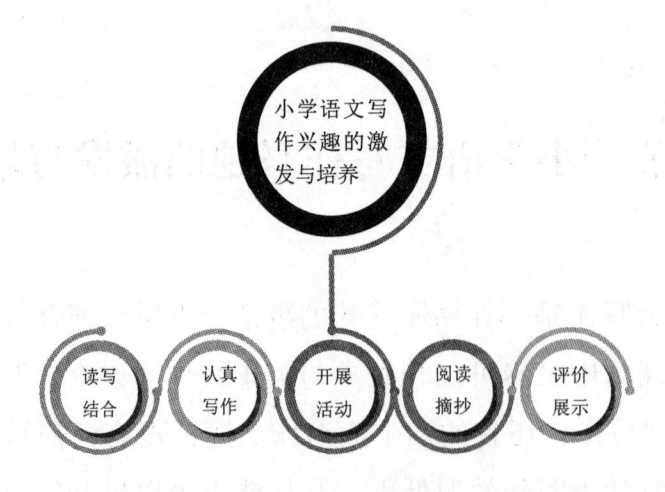

图 5-3 小学语文写作兴趣的激发与培养

一、读写结合教学法

在阅读过程中进行写作练习，是学生掌握写作方式的一种重要途径，在进行

[①] 王化清. 小学语文教学中学生写作兴趣的激发 [J]. 学苑教育，2022（10）：92-93.

阅读教学的过程中，教师就应该有意识地结合文章内容，引导学生体会作者观察事物、分析事物、遣词造句、连句成篇的方式，让学生接触更多的写作方式和技巧，并带领学生针对不同的写作方式进行分析和探讨，帮助学生理解并掌握。如果说，阅读是吸收知识和技巧的过程，那么写作就是输出自身知识和思维的过程。[①] 所谓"读书破万卷，下笔如有神"，这句话充分说明了阅读对于写作的促进作用。下面具体阐明教学中将"读"和"写"进行有机融合的方式（图5-4）。

图 5-4　读写结合教学法

（一）读中探写

教师要向学生明确，阅读并不仅是单纯地将文章中的文字朗读出来，而是要在阅读的过程中厘清作者的写作思路，对于文章的结构进行一定的思考和探究，还要注重掌握文章的写作特点与写作方式。这种思考和学习不止局限于语言表达的技巧上，而是要进行多层次的深度探究，要分析作者观察事物、分析事物的方式，体会作者想要表达的思想情感，分析文章的布局谋篇、遣词造句等。

以《奇妙的鲤鱼溪》这篇课文的教学为例，课文中的第三自然段是围绕"村民对鲤鱼的感情很深"这一句话展开描写的。在教学过程中，教师可以先让学生自主阅读这一自然段，理解每一句话的大意，思考整个自然段是围绕哪一句话进行描写的；然后让学生阐述一下自己对于这一自然段的理解，引导学生掌握找到中心句概括段意的方法，并为学生讲解先概括后具体的写作方式。

---

① 贾薇.小学语文读写结合实践路径探索[J].新课程，2022（21）：86-88.

(二)读中插写

在阅读教学中渗透写作教学，是以读促写；在写作教学中渗透阅读教学，也是以读促写。为提高学生的写作能力，在阅读教学中，教师可以要求学生结合文章内容进行写作练笔，这样不仅可以锻炼学生的写作能力，还可以加深学生对文章的理解程度。结合阅读材料进行写作的方式也包含很多种，如对文章内容进行扩写、对文章内容进行缩写、对文章内容进行改编等。

仍旧以《奇妙的鲤鱼溪》这篇课文为例，作者在文章中对鲤鱼溪的景象、村民对鲤鱼的情感都进行了细致描写，还充分体现了人与动物、人与自然的和睦相处、和谐发展。在课后，教师要引导学生围绕课文中这一思想情感进行多个角度的思考，激发学生情感共鸣，让学生为"鲤鱼溪"写一个简介。这不仅可以对学生进行人文思想的教育，还可有效锻炼学生的写作能力。

(三)读后仿写

学生进入三年级之后开始接触仿写，这是有效锻炼学生写作能力的一种方式。仿写的学习也要分阶段逐步进行，范文的借鉴不一定是一次性的，引导学生分段进行借鉴可以起到更好的训练作用。

以《遥远的恐龙世界》这一篇课文为例，课文的第三和第四自然段的写作方法是相同的。在课堂中，教师可以先引导学生学习其中一个自然段，透彻分析这一自然段描写了哪一种恐龙、这种恐龙的特点是什么、这一段中每句话之间有什么关系、重点句子和其他句子之间有什么联系等；之后要求学生自主学习另一个自然段，在阅读中进行感悟，学习作者的写作方法；最后教师可以要求学生结合这两个自然段的写作方式进行仿写，以实现锻炼学生写作能力的目的。

二、认真写作情意浓

每一个学生都是独立的个体，他们有自己的爱好、性格，不同的成长经历、生活环境等。进入三年级以后，学生的语言文字水平各不相同，由于缺少足够的语言知识作为基础，大部分学生难以准确、完整地表达自身的想法，所以小学生对教师有较强的依赖性。因此，教师要注重加强对学生的引导，为学生树立典范。教师引导学生将"写作"当作一件严肃且神圣的事情对待，以自身经历、情感体验书写每一篇文章，将作文当作一件"艺术品"来雕琢、刻画。只有让学生养成认真对待"写作"的意识和习惯，才能培养学生对写作的热情，进而逐步提高学生的写作水平。

（一）应对乏味作文

很多语文教师在批改学生的作文时发现，学生写的作文根本无法称为"文章"，只是一篇大白话记录的流水账，毫无文采可言。通过调查发现，很多学生认为自己的生活不是在学校上课，就是回家写作业、吃饭、睡觉，进行写作时实在无从下笔。由于小学阶段的学生年龄小，缺少生活阅历，生活简单且学习任务重，缺少感受生活、体验生活的机会，节假日的时间也基本都用来参加各种培训班或写作业，学生的生活缺少新鲜感和刺激感，难以激发学生的写作欲望。进行写作练习时，学生也会感到"无话可说"。因此，语文教师要积极组织学生参与多样化的实践活动，如拔河比赛、参观博物馆、种植一株花等，丰富学生的生活，才能有效引导学生养成观察生活、感受生活的意识和习惯，让学生获得直接体验，从而丰富学生的写作内容。教师要加强对学生的引导，才能有效挖掘学生自身的潜能，让学生可以畅所欲言，书写真情实感，从而促使学生的写作水平得到提高。

例如，在拔河比赛后，教师可以让学生以"拔河"为题进行写作练习，学生可以将自己参加拔河过程中的努力、坚持、紧张、快乐等感受记录下来，也可以将练习和比赛过程中发生的印象深刻的事情记录下来。学生基于亲身经历与真实感受进行写作，才能让作文"活"起来。

（二）应对出格作文

随着科技的发展，如今已经来到信息爆炸的时代，人们获取信息的方式变得更多，获取信息的速度变得更快，学生的生活被多元化的信息充斥，其中难免包含一些负面信息。虽然小学生的年龄较小，但其对于生活、社会、自然等都有自身的感受和理解，由于学生缺乏分辨是非的能力，所以对一些事物的看法难免存在偏差，并且小学生很容易受到不良信息的侵害，不利于其身心健康发展。学生在写作时，难免会出现一些不恰当的言论。例如，有些学生由于种种原因未能按时完成作业，受到教师的批评，感到自尊心受到伤害，便在作文中书写自身对于教师的怨恨；有些学生在作文中表示捡到的物品应该归自己所有，因为将物品上交给教师也不一定会找到失主。作为语文教师，不仅肩负教书的任务，更肩负育人的义务。对于学生作文中存在的不恰当言论，教师要采取恰当的方式对学生进行引导，避免由于教师处理方式不当，引起学生反感，不仅无法端正学生的思想，还会导致学生丧失写作热情。教师要采取温和而宽容的态度与学生进行交谈，对学生的思想进行正确引导，确保在不打击学生写作积极性的情况下，帮助学生端正思想，正确看待周围事物。教师恰当的处理方式不仅可以让学生清楚自身的"问题"所在，还能够拉近师生之间的关系，让学生更加热爱语文、热爱写作。

三、开展活动促参与

我国教育学家叶圣陶曾表示"接触多少不在乎外物的来不来，乃在乎主观的有意与无意；无意应接外物，接触也就少了"[1]。可见，开展小学语文写作教学，就应该引导学生"有意"地接触外界事物，保持一种观察的心态，就可以发现更多周遭的"精彩"，从而积累大量写作素材，并且还可以丰富学生的情感和精神世界。

（一）课内活动

语言是表达内心活动的声音。那么如何才能产生更多的内心活动，从而丰富学生的语言呢？对此，教育家叶圣陶先生曾说过："生活犹如源泉，文章犹如溪水，源泉丰富而不枯竭，溪水自然活泼流之不尽。"[2] 所以，想要提高学生的写作水平，就需要丰富学生的生活。教师应注重组织多样化的实践活动，让学生亲身参与，为学生创造体验生活、感受生活的机会，让学生积累更多写作的素材。

在课堂中，教师可以结合学生的兴趣爱好组织一些生动活泼的活动，如课本剧表演、小品演绎，开展学生喜闻乐见的生活模拟活动，将课堂变成一个微型的社会，可有效增加学生的社会体验；鼓励学生在课后主动帮家长做一些力所能及的家务活动，让学生学会一些生活技巧，积累一些生活素材；教师还可以与学生家长建立沟通，让家长利用周末或者节假日的时间陪伴学生一起进行阅读、做手工等活动；通过组织多样化的课内活动，可以让学生的生活变得更加精彩，丰富学生的情感体验，为学生进行写作做好铺垫。

（二）课外活动

想要提高学生的写作水平，教师必须从提高学生的写作兴趣入手。因此，教

---

[1] 叶圣陶. 怎样写作 [M]. 北京：中国友谊出版公司，2019：15.
[2] 叶圣陶. 怎样写作 [M]. 北京：中国友谊出版公司，2019：49.

师要时常组织学生走出教室，走进自然。如带领学生到学校附近的公园去欣赏景色，观察假山、瀑布；到附近森林中观察各种树木的枝叶、树干的生长状态；观察操场上蚂蚁搬家、蜘蛛结网；也可以联系实际生活，开展一些有意义的实践活动，如慰问敬老院的老人，参加街道或者社区的义务环保活动等。通过组织学生参与多样化的实践活动，可以帮助学生更好地认识自我、社会与自然，增加学生阅历，开阔学生视野，丰富学生的情感，为学生的写作提供源源不断的动力与素材。

四、阅读摘抄多积累

学生想要完成写作，不仅需要积累丰富的生活素材，还需要一定的语言基础，否则学生有再多的内心活动，也无法使用语言进行准确的表达，所以语文教师要引导学生养成阅读和摘抄的习惯。[①] 通过阅读丰富的语言素材，增加学生的生活阅读，可以有效解决学生"写什么"的问题；而积累摘抄，则可以解决学生"如何写"的问题。通过多读书、读好书，可以帮助学生接触大量的词汇，并获取一定的知识经验，为学生开展写作积累语言材料。

（一）推荐合适读物

小学生进入三年级以后，已经有了一定的识字量，并且掌握了一定的阅读能力，此时教师就要注重培养学生的课外阅读习惯。想要推动学生的语文素养发展，单凭教材中的课文是难以满足学生的实际需求的。教师要注重选择合适的书籍推荐给学生，让学生通过课外阅读接触更多知识，打开学生的眼界，这对提高学生的阅读能力、思维能力具有显著作用。由于小学生的年龄较小，阅读能力有限，教师要选择浅显易懂、图文并茂并且情节生动有趣的书籍推荐给学生，来激发学生的阅读欲望，促使学生在课后积极进行自主阅读。教师也可以结合教材中的内容为学生推荐课外读物，例如，学习完《陶罐和铁罐》这篇寓言故事类型的课文后，教师可以向学生推荐《伊索寓言》《中国古代寓言故事》等书籍，让学生在课后进行整本书阅读。为学生推荐合适的读物，可有效促使学生在课外读物中汲取更多语言知识，积累语言素材，还可有效打开学生的写作思路，促使学生写作水平的提高。

[①] 孙光云. 浅谈小学语文读写结合教学的具体策略[J]. 小学生（下旬刊），2022（3）：45-46.

(二)指导摘抄记录

教育学家苏霍姆林斯基曾说过:"应该把读书笔记作为作文教学的重要内容之一。建立在大量阅读基础上的读书笔记,既是学生对所读读物产生感受和认识的文字记录,也是一种表达能力的训练。"[①] 这句话充分体现了读书笔记对于增加学生知识储备、提高写作能力的重要性。因此,教师要引导学生在阅读的过程中养成摘抄和做笔记的习惯,可以让学生准备一个自己喜欢的精美摘抄本,鼓励学生在进行课文阅读或者课外阅读时,将优美语段摘抄在本子上,或者将阅读过程中自己的所思所想记录下来。教师可以每周抽出一节课的时间,组织学生进行读书笔记的分享。对于读书笔记做得好的学生,教师要提出表扬;对于读书笔记做得稍差的学生,教师需要鼓励学生更认真地对待这项内容。久而久之,自然可以促使学生养成在阅读过程中摘抄和记录的良好习惯,实现语言知识的积累;还可有效锻炼学生的思维能力,打开学生的写作思路。

五、评价展示树自信

教学评价是教学过程中一个十分重要的环节。在写作教学中,对学生的作文及时进行评价,不仅是为了深入了解学生的写作水平,更是为了通过评价调动学生学习的积极性。教师对学生的作文进行积极正面的评价,可以让学生体会到成就感,帮助学生树立写作的信心,从而调动学生的写作兴趣,最终实现提高学生写作能力的目的。在写作教学中,教师对学生的作文进行评价的方式主要包括以下几种(图5-5)。

---

① 苏霍姆林斯基. 养育孩子如何培养一个真正的人 [M]. 长江文艺出版社有限公司, 2021: 20.

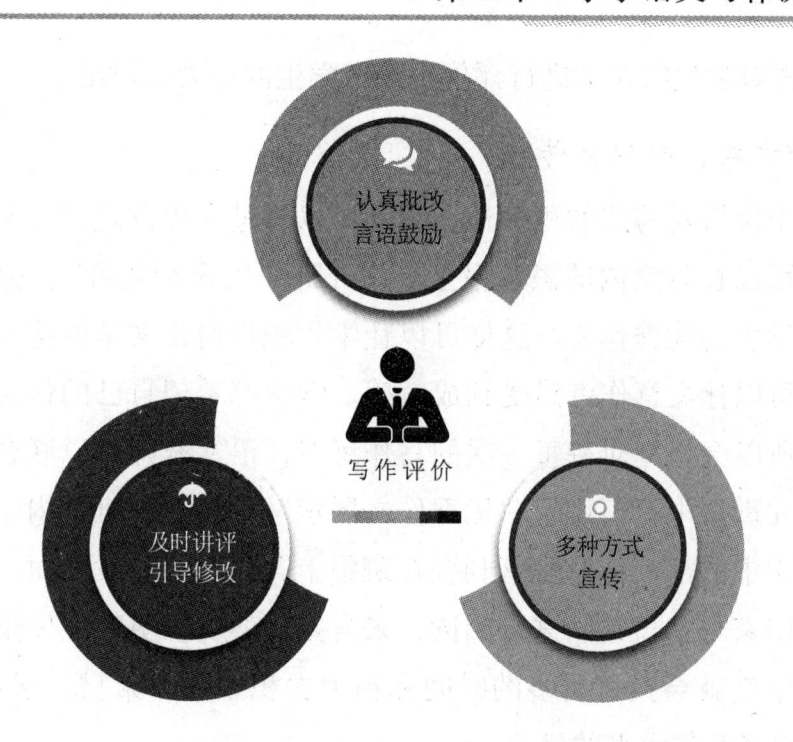

图 5-5　小学语文写作评价的方式

（一）认真批改，言语鼓励

对于学生每次上交的作文，语文教师都要及时进行阅读和批改，让学生感受到教师对自己劳动成果的尊重，这也是提高学生写作积极性的一种方式。教师要根据学生的写作情况、作文内容等，在学生的作文本上进行批注，以鼓励的话语为主，如"这次进步很大哦，值得表扬，下次再继续""你的描写让我仿佛置身于景色秀丽的大自然中""我感受到了你对外婆深深的思念"等。正面的言语可以产生积极的作用，调动学生更大的写作兴趣。

（二）及时讲评，引导修改

对于学生每一次的写作练习，教师都要进行专门讲评。课堂中教师可以为学生展示班级内其他学生的优秀作文，让作者本人进行朗读，之后让学生们阐述一下文章的优点有哪些。通过这样的方式，可以让作文的作者充分感受认真写作带来的成就感，让学生保持对写作的兴趣；可以激励其他学生向该篇作文的作者学习，认真对待写作，争取在下一次写作训练中大展拳脚；可以引导学生学习优秀作文的优点，对比自身文章的不足之处，从而进行调整，实现自我提升。对于写作水平稍差的学生，教师也要对其进行积极正面的讲评，首先肯定学生的进步，之后再引导学生找出自己作文中的不足之处，鼓励该学生在自己的作文上进行修改，之后教师再对学生的作文进行评价，肯定学生的努力和付出。

（三）多种方式，积极宣传

为确保学生保持对写作的积极性，教师可以通过多种方式宣传班级内学生的优秀文章。如可以在教室内的黑板报上专门开辟"优秀作文角"，每次更新黑板报都刊登一篇学生的优秀作文。这样可以让学生积极讨论文章的优点在哪里，其他学生的夸赞可以让文章作者感受到成就感。学生都希望自己的作文可以被刊登在黑板报上，所以会认真对待每一次的写作练习；语文教师可以联合班主任一起开办班报，并在班报中专门设置"优秀作文展示"栏目，将班级内学生的优秀作文或者学生作文中的部分精彩段落刊登在班报上，将班报分发给每一位学生，让学生将班报带回家与家长共同进行阅读，来自家长的赞扬更能激发学生的写作积极性。这样，学生就会投入更多的时间和精力去积累写作素材，学习写作方式，从而达到提高自身写作水平的目的。

第三节　小学语文写作水平提高的方法

写作就是用语言将自身内心所思所想向外界传达的过程，也是人们对社会、自身进行认识、了解，并进行创造性表达的过程。加强小学生写作教学，可以促使学生的表达能力得到提高，对提升学生的语文素养具有积极意义。小学阶段学生语文写作水平提高的方法主要包含以下几种（图5-6）。

第五章 小学语文写作课堂教学探讨

图 5-6 小学语文写作水平提高的方法

一、激发写作兴趣

兴趣是写作的基础，只有学生对写作充满兴趣，才会投入更多的时间和精力进行写作，并将自身真情实感赋予作文，从而完成一篇语言优美、逻辑连贯、主次分明的优秀文章。[①] 调查发现，写作教学难以取得理想教学成果的主要原因是学生缺少写作兴趣，所以想要提高学生的写作能力，应从培养学生的写作兴趣入手。通过对学生访谈结果的分析得出，一部分学生在写作中遇到的问题是不知道"写什么"，另一部分学生遇到的问题是不知道"怎么写"。进行写作教学时，如果教师只是给出题目，直接要求学生进行写作，想必大部分学生写出的文章一定不是教师想要的。教师因批阅感到头痛，学生也因写作感到痛苦。为避免这种情况的出现，教师在课堂中要结合教学内容，积极创设写作情境，以环境影响学生的心态和思维，可有效激发学生的写作兴趣。

例如《紫藤萝瀑布》这篇课文中，作者对景物的描写细致生动，采取了比喻的写作手法，让文段变得十分出彩。针对学生不善观察、细节描写不对位的问题，教师可以结合这篇文章对学生进行写作训练，让学生通过仿写课文的方式进行练笔，这是一种十分常见的写作教学方式。教师可以带领学生观察教室内的盆景或

---

① 盛建花. 新课改背景下小学语文写作教学研究 [J]. 学周刊，2022（14）：71-73.

者校园内的植物，学生可以按照由上到下或者由下到上的顺序，远看与近观，整体和局部等多个角度对植物进行观察，并记录在笔记本上。观察完毕，教师可以带领学生一起讨论观察结果，让学生了解到自身没有观察到的细节之处，对自己的观察笔记进行补充。之后要求学生结合自己的观察笔记仿写课文，在学生思维活跃的情况下进行写作，可以促使学生写出质量更好的作文。

教师创设良好的教学氛围，可以对学生的心境带来积极影响，有助于改善学生的学习态度，还可促使学生找到更多写作的灵感与思路。例如，学习完《少年闰土》这篇课文，作者在文章中书写了自身对儿时生活的怀念之情，此时的小学生也正好处于自己的童年时期，教师可以组织学生开展趣味十足的游戏，创设良好的教学情境，丰富学生的校园生活和情感体验，之后再让学生进行写作，这样可有效促使学生结合自身真情实感写下富含"情感"的文章。在课堂教学时，教师可以折几只小船，在小船上写上不同奖品的名称，并将小船藏在操场内，让全体学生一起寻找，找到小船的学生即可获得对应的奖品。趣味十足的游戏可迅速激发学生参与的积极性，学生欢快地奔跑在操场上寻找小船，找到小船的学生欢欣雀跃地跑到教师面前领取奖品，操场上充满了学生的欢声笑语。第二节课，教师先让学生静心整理思绪，结合上节课游戏的经历回忆"童年"，并写下自己对童年的追忆，学生内心却有其感，自然可以文思泉涌，高质量完成写作任务。

展开小学阶段写作教学，教师可以结合各个学段的具体写作要求，以及该学段学生的实际写作能力，组织学生以"新闻报告"的方式开展说话训练，这对于改善学生表达能力也具有显著效果。教师可以充分利用每节语文课开始前的几分钟，让班级内的学生以"新闻报道"的方式阐述自己最近亲身经历或者耳闻目睹的新鲜事。通过课前组织学生练习口头表达能力，可有效锻炼学生的语言组织能力、归纳概括能力等，久而久之，可有效提高学生写作的整体水平。起初，缺少经验的小学生会羞于表达，此时就要发挥教师的模仿示范作用，为学生进行演示，要注意语速平稳、吐字清晰、落落大方，如此可逐渐影响学生养成善于观察周围事物、勇敢表达自身所思所想的习惯和能力，让学生成为生活中的有心人，也可促使学生提高表达能力，积累丰富的写作素材。

在写作教学中，教师对学生进行恰当的激励，也是激发学生写作兴趣的有效方法。需要教师注意的是，对学生进行激励，要选择合适的时机，这样才能取得理想的教学成效。首先，在进行写作指导时进行激励。开展小学阶段的写作教学时，要遵循先说后写的原则，即让学生先结合作文题目进行构思，之后将自身写作的思路说出来，再进行写作。在学生阐述自身写作思路时，教师就要把握时机对学生进行激励。对于思路巧妙、选材新颖的学生，要提出表扬；对于选材不是很好的学生，教师要先赞扬学生勇于表述自身想法的行为，再以恰当的方式引导学生重新选材。如："老师觉得你很棒，吐字清晰、声音洪亮，老师也要向你学习，如果选材可以更新颖一点就完美了，老师相信你可以的，再好好思考一下。"通过这样的激励，可有效锻炼学生的胆量，锻炼学生的口语能力，还能有效激发学生的写作热情。其次，在批改作文的过程中进行激励。在课堂中由于时间限制，教师不能全面兼顾，所以在作文批阅过程中，教师就要对全体学生进行激励，在学生的作文中圈点批注，利用语言对学生的作文进行正面积极的评价，给予学生赞扬、肯定、鼓励。学生阅读教师的批注，即可感受到来自教师对于其劳动成果的尊重，感受到来自教师的关心，从而产生情感效应。教师的激励会变成学生写作的动力，激发学生的写作兴趣，让写作教学进入良性循环。最后，在作文讲评中进行激励。教师可以摘录学生作文中的精彩文段，在课堂中进行朗读并提出表扬；让优秀作文的作者在课堂中朗读自己的作文；对写作水平取得进步的学生进行点名表扬。这些都可以起到激励的作用，全面调动学生写作的积极性。

二、培养观察意识

观察是扩大生活积累的有效途径。学生如果善于观察生活，就会对生活中的事物产生新的理解和想象，锻炼学生思维能力的同时，还可以积累大量的写作素材，使其在写作时才可以信手拈来。宋代著名学者朱熹在《观书有感》中有言："问渠那得清如许，为有源头活水来。"知识在不断地更新与发展，日常生活中需要不断地学习和积累，就像水的源头一样，人的一生都需要保持学习和探索的状态，只有这样才能让自己永葆活力。生活中每天都在发生新鲜有趣的事情，如果想要将精彩的生活变成写作素材，就需要学生养成认真观察生活的意识和习惯，产生自身的理解和感悟。在进行写作时，才能将"生活"变成"素材"，让自己的文章变得更加生动、真实。

观察是锻炼思维、汲取知识、积累经验、进行发明创造的前提条件,所以语文教师要注重培养学生善于观察的意识和能力。想要提高学生的观察能力,教师就要引导学生做到以下几点。

第一,细致入微。观察生活要认真,在描写时才能细致,让作文有血有肉。鲁迅先生曾表示对于事物的观察,必须要准确透彻,才能下笔进行描写。对于同一件事,每个人的看法不同,所表现出来的状态也不同,所以要进行细致的观察,才能进行全面描写,让文章变得更加生动立体,而非流水账一样枯燥乏味。

第二,把握特点。观察生活要善于把握事物的特点。通过对学生的作文进行评阅,可以发现学生的作文相差无几,描写人物无外乎"眼睛炯炯有神,鼻梁高挺,嘴巴小巧",对于春天的描写通常是"小草从泥土中探出了头,人们褪去了厚重衣服,换上春衫,春姑娘真的来了"。班级内几十名学生的作文千篇一律,毫无新意。观察生活必须要长期坚持,并且认真细心,找到事物的特点,才能写出与他人不一样的文章。记录人物、动物某一时刻的动作神态,记录植物某一时刻的颜色、姿态,记录景物在某一时候的变化,并且长期坚持。久而久之即可准确抓住事物的特征,写进自己的文章中,让自己的文章得到升华。

第三,善于思考。观察生活不仅是用眼睛看,还要用心想,将自己观察到的事物上升到理性的层面,由表及里地深入认识和了解事物,由此及彼地多角度联想,只有这样才能书写出有深度的文章。

第四,感性经验。观察生活的意义在于从实践中获得感性经验,这就需要观察,调动自身全部感官来获取信息,从而获取丰富的感性经验。教学时教师要引导学生充分运用自身的视觉、听觉、嗅觉、味觉等多种感官,对生活中的事物进行细致入微的观察。为培养学生良好的观察力,教师可以引导学生关注周围的事物,如班级内的人和事、校园中的人和事、家庭里的人和事,甚至包括社会上的人和事。从身边细节处入手,感受生活的千姿百态,以自身感官积累感性经验,才能在作文中书写世间百态。

三、提高审题能力

小学阶段的写作教学中,教师要注重提高学生的写作能力,包含审题能力、选材能力、遣词造句能力等,其中,审题能力是写好作文的关键。一旦审题出现偏差,即使学生文章中的辞藻再华丽、语句再优美,也是无用功。因此,小学语文教师要注重培养学生的审题能力。为提高学生的审题能力，教师可以从这几个方面来培养学生良好审题的习惯（图5-7）。

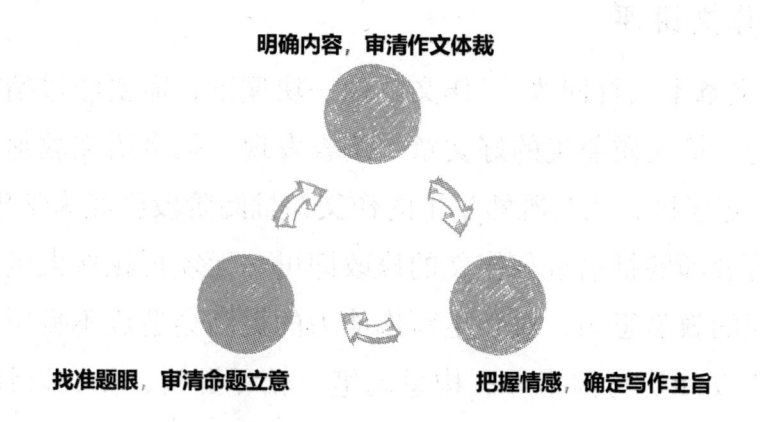

图 5-7　提高审题能力的策略

（一）找准题眼，审清命题立意

在小学语文写作教学中，总是会出现学生审题不清，作文内容出现较大偏差的情况，所以，教师要引导学生准确把握命题立意，这就需要教会学生从文本中提取关键词的能力。进行写作之前，先认真阅读写作要求，并找到其中的关键词进行标注，围绕关键词展开写作，才能确保自己文章的写作方向是正确的。

（二）明确内容，审清作文体裁

记叙文是小学阶段学生必须掌握的文体，教师要注重加强记叙文的写作教学。记叙文可以具体细分为写物、写人、写事、写景等不同类型，很多学生由于审题不清，进行写作时出现体裁混乱的情况。如在写景的记叙文中，利用很大篇幅进行人物的描写，或者是在写人的记叙文中详细描写了事件的来龙去脉，对于人物的描写却只有寥寥数笔，这些问题都会导致学生的写作能力难以提升。因此，教师要注重针对这样的问题，对学生进行相应的训练，让学生进行写作时准确把握作文体裁，才能有效促使学生写作水平的提高。

（三）把握情感，确定写作主旨

在学生准确把握命题立意以及作文体裁之后，教师还要注重加强学生的情感教育。让学生可以在作文中准确表达自身的情感，这样才可以避免出现"流水账"的情况。情感把握不清也会出现审题偏差的情况，影响学生的作文质量。因此，语文教师要注重引导学生把握好作文的情感基调，进而在材料的指引下确定文章的主旨，如此才能确保学生写出优秀的作文。

四、重视作文讲评

古人云："文章不厌百回改。"作文就像一块璞玉，需要经过精雕细琢，细致刻画，才能成为一篇文质兼美的好文章。调查发现，很多语文教师在作文修改和讲评环节存在一定误区，认为既然学生的作文在批阅阶段已经为学生标注了批语，学生只需要结合教师的批语进行作文的修改即可，无须再花费大量课堂时间进行讲评。这种错误的教学思想，对学生写作能力的提高会造成不良影响。完成一篇作文的教学，需要经历写前指导、构思动笔、教师批阅、作文讲评、学生修改、再次讲评这一完整教学流程，缺一不可。教师针对学生的作文进行细致讲评，是一个十分重要的环节，它是连接学生本次作文与下次作文之间的桥梁，是学生发现自身在写作中问题的途径，更是提高学生写作能力的关键。因此，语文教师一定要重视学生作文的讲评。

作文的讲评，只有以学生的作文实际为出发点，对作文内容从立意、选材、文章结构、遣词造句、标点符号等多个方面进行增、删、改，才能让学生的作文变得更完美、更严谨。让学生了解自身在写作方面的优势以及不足之处，才能促使学生发扬自身优势，弥补自身不足，从而实现写作能力的提高。

对学生的作文，教师可以引导学生进行多元化的评价，包括教师评价、学生自评、学生互评等，这样可以让学生对自己的作文形成更加全面、深刻的认识，有利于学生之间相互学习。教师批阅学生的作文，要考虑学生的身心发展规律，书写学生喜欢看又具有指导意义的评语，以便学生虚心接受教师的点评，对自己的作文进行修改。如今信息技术已经广泛应用于教育事业，教师可以让学生以电子文件的形式将作文上交，如此可直接将具有代表性的学生作文在课堂中展示给全体学生，以实际例子指导学生修改作文；教师也可以将学生作文中出现的典型病句、错别字显示在屏幕上，供全体学生进行分析讨论；或者从学生的作文中摘取精彩文段供学生品味欣赏……

现代技术的应用，让作文的讲评变得更加方便快捷，有效丰富了作文讲评的方式，提高了作文讲评效率，并且实现了真正的资源共享和广泛的互动交流。作为新时代的小学语文教师，要注重挖掘教学资源，将多种教学资源进行有机整合，不断探索更加新颖的写作教学方式。从培养学生的写作兴趣入手，逐步促使学生从"厌"写变为"乐"写，改变学生的写作态度，提高学生的写作效率，最终一定可以促使学生的写作水平更上一层楼。

第六章　小学语文课堂教学提问探讨

本章主要针对小学语文课堂教学提问进行探讨，详细介绍了语文课堂提问的原则，并从提问教学设计以及提升课堂提问有效性的方法两方面做出分析，为广大教育从业者提供一些借鉴。在教学中通过提问，切实改善课堂教学质量，推动学生的思维和能力获得发展。

第一节　小学语文课堂提问的原则

在小学语文课堂中进行提问，是教师与学生之间有效互动的途径。在课堂中适时地进行提问，具有帮助学生集中注意力、增进师生之间的情感、检验学生课堂听讲质量、调动学生思维等作用，所以教师要掌握课堂提问的艺术，利用课堂提问，改善学生的学习质量，推动学生的语文素养发展。要想提高课堂提问的有效性，需要遵循以下几个原则（图6-1）：

图6-1 小学语文课堂提问的原则

一、提问问题要具有启发性

课堂提问的问题要具有一定的启发性，如此才能有效启迪学生的思维，实现教学内容的深度教学，提升学生的思维品质。所谓问题的启发性，就是通过问题的提出来调动学生思考的积极性，促使学生对问题进行深度探索，达到学生不仅"知其然"，还要"知其所以然"的教学效果。课堂教学过程中提出问题来启发学生思维时，要注意问题是否可以调动学生的思考兴趣，只有可以激发学生探索兴趣的问题，才能调动学生的探索欲望，实现启迪学生思维的目的。

例如，在学习了《小露珠》这篇课文后，教师结合课文内容提出："小露珠对鲜花以及大地都做出了贡献，那她们喜欢小露珠吗？"这种是学生可以不假思索就回答出来的问题。长此以往都是这样提问的话，学生就会失去回答问题的积极性，甚至导致学生思维枯萎。为避免这种情况出现，教师可以将问题进行调整："大家仔细阅读课文后，思考一下大家为什么舍不得小露珠呢？"通过调整，让问题变得更具启发性，更容易调动学生的思维，促使学生积极展开思考。学生经过思考与讨论后得出问题的答案，教师要及时对学生进行赞扬，让学生体会到成就感，感受到学习的乐趣，进而激发学生更大的学习欲望。

人的认知结构可以分为三个部分，分别为已知区、最近发展区和未知区。因此，小学语文教学应该积极了解学生现有的知识水平与学生自身最近发展区之间的关联点，并在知识的增长点上设置问题，在学生可能形成的思想观念等关键处设置问题，从而调动学生探索的积极性，并根据学习内容以及学生学习能力的不断提升，逐步提高问题的难度。大量教学实践证明，一切可以调动学生思维的提问，都可以促使学生积极展开思考，提高其学习的主动性。在课堂中，只有进行启发式提问，才能吸引学生的注意力，促使学生积极参与课堂教学活动，成为课堂的参与者。

二、提问问题要注重趣味性

课文问题要注重考虑学生的认知规律和兴趣爱好，只有对学生提出具有启发性且新颖的问题，才能有效抓住学生的注意力，促使学生积极思考和讨论，从而改善枯燥的课堂教学氛围。现代教学理念以"创新"为关键，小学语文教师进行课堂提问时要注重问题的新颖度和趣味性，问题一经提出，要能勾起学生的探知欲望，这样才能为课堂教学质量的改善做好铺垫。对于学生已经熟知的内容，教师要注重转换提问的角度，让问题变得更有新鲜感。如果教师提问的问题千篇一律，自然难以调动学生思考的积极性；如果提出的问题新颖且富有趣味性，就会促使学生积极进入思考状态，提升学生思维品质。

例如，在进行《将相和》这篇文章的教学时，为了能够迅速调动学生的思维，教师可以这样进行提问："同学们，你们认为蔺相如举起和氏璧去撞柱子的时候，是真撞还是假撞呢？为什么这样认为呢？"这一问题的提问角度新颖，且问题趣味性十足，能够迅速吸引学生的注意力，使所有学生的思维都"活"了起来，并开始积极思考且与同伴进行讨论。

三、提问问题要保持开放性

在传统的语文课堂中，教师对学生进行提问，可以形容为"教师带领学生沿着蜿蜒艰难的道路向预设的答案靠近"，"预设答案"即标准答案，教师和学生都认为标准答案就是正确答案。这种思想是存在偏差的，严重阻碍了学生的全面发展。很多问题的答案并不止一种，并且由于语文学科知识的特性，很多语文知识相关问题的答案并不是唯一的，教师应鼓励学生结合问题大胆地进行思考和假设，这样可以促使学生的创新意识和能力得以发展。在语文课堂中，教师要注重多向学生提问开放性的问题，并鼓励学生大胆阐述自身不同的观点，突破标准答案的禁锢，从而改善课堂的教学质量，提升学生的思维品质，推动学生的综合素养获得全面发展。

例如，在学习《高尔基和他的儿子》这篇课文时，文中有这样一段话："傍晚，彩霞染红了天空。高尔基坐在院子里，欣赏着儿子种的花，心里有说不出的高兴。"结合这句话，教师可以向学生提出问题："为什么高尔基看到儿子种的花，心里面会有说不出的高兴呢？"学生结合课文中的内容进行积极思考，有的学生认为："因为这些花都是高尔基的儿子种出来的，所以他很高兴。"有的学生认为："高尔基看着儿子种出来的花，觉得儿子很厉害，所以他很高兴。"还有的学生认为："虽然高尔基的儿子不在小岛上了，但是他种的花让小岛变得更加美丽，所以他很高兴。"开放性问题可以让学生从多个角度对问题进行思考，促使学生深度思考课文内容，丰富了学生对课文内容的理解和感受。对于学生不同的答案，教师都要仔细聆听，并对积极回答问题的学生进行肯定和表扬。让学生不再纠结于所谓的"正确"答案，不再因为害怕答错而不敢举手回答问题，使学习变得充满乐趣，逐渐促使班级内所有学生主动参与问题的探究，从而推动全体学生获得进步与发展。

四、提问问题要注意难易程度的适当性

课堂提问的原则还包括提问问题的难易程度要适当。进行课堂提问的目的在于引发学生思考，锻炼学生的思维能力，所以提问问题要具有一定的难度和深度。有一定难度的问题，可以调动学生的探究欲望。学生动脑思考的过程可以提高学生的思维品质。如果课堂提问的问题过于简单，则无法吸引学生注意力，难以调动学生的思考积极性，自然无法实现提问的目的；如果教师设置的问题过于困难，学生百思不得其解，会严重打击学生的思考积极性。久而久之，学生会直接放弃思考教师的提问。因此，课堂提问要讲究艺术性，要结合学生的实际学习能力设置问题，这样既能引导学生的思考，又能让学生在思考后得到答案，如此才能实现课堂提问的价值。

例如，在学习《九寨沟》这篇课文时，教师就可以结合课文中的内容对学生提出难易程度不同的问题，如："九寨沟的名字是怎么得来的？""为什么说九寨沟是一个童话般的世界？""你最喜欢我国哪个著名景点？为什么？"由浅入深地进行提问，引导学生逐步对问题进行深度思考，从而让学生的思维得到更好的发散。

五、提问对象要注重全体性

教育是面向全体学生的，所以课堂提问也应该面向全体学生。教师在课堂中提出的问题要面向全体学生，调动全体学生思考的积极性，才能推动所有学生在自身原有的基础上获得进步和发展。面向全体学生进行课堂提问，教师可以在课堂教学前进行课堂提问问题设计，并将问题进行分层，这样既可兼顾不同学习能力的学生，又可以让所有学生都能通过思考问题得到一定的启发，收获一定的知识。不同层次的问题，要选择不同的对象进行回答：以巩固本节课所讲知识为主的问题，教师要着重提问语文成绩优异的学生；以检查基础知识为主的问题，要着重提问语文基础稍差的学生；以巩固旧知识为主的问题，应注重提问语文成绩中等的学生，但课堂提问务必照顾到全体学生。

另外，课堂中提出问题的人不一定是教师，学生也可以向教师或者其他学生进行提问。教师提出一个问题，学生经过思考进行回答，在学生回答问题时，班级内的学生都要认真倾听和思考，并结合该学生的回答，提出不同观点，这样课堂提问的涉及面就会变得十分广泛，有利于开启全体学生的心智。

第二节　小学语文课堂提问教学设计

一、小学语文课堂提问的课前设计

（一）对问题进行正确培训，促进思维深刻性

学生的思维能力以及逻辑思维能力对学生思维的深刻性有着重要的影响。所谓思维的深刻性即思维的强度和深度，可通过思考问题的投入程度来评定。在课堂提问的策略上，小学语文教师应注重设计一些具有思考价值的问题，这样才能有效激发学生产生疑问，让学生在疑问的驱使下深入学习，认真探究，从而提高学生的思维深刻性。[1] 由于小学生年龄较小，进行阅读只能将思维停留在表面，

---
[1] 李红颖.基于核心素养的小学语文课堂提问评价策略[J].当代家庭教育，2022（11）：108-110.

为了有效帮助学生将思维向更深层次引入，教师可以利用比较的方式进行教学。

在实际教学中，教师可以引导学生通过分析问题，不断地对信息进行全面探究，从而使学生的思维深刻性得到提高。小学语文教学，应在学生理解文本内容、语言以及主题关系的基础上，引导学生深入探究与主题相关的内容。课堂中，教师要结合文本内容的情况以及学生的实际学情，设计具有逻辑关联性的问题，这些问题要呈现逐步推进的势态，这样才能逐步引导学生的思维往深处发展。教师要注重把握正确的课堂提问时机，适时展开提问，注重问题的排序。设计问题时，要注重由浅层问题向深层问题过渡，问题难易程度适中，问题与问题之间要具有一定的连贯性，并且不可偏离课堂内容的教学主题，帮助学生对文本内容形成整体的理解，有利于学生厘清课堂思路，从而促使学生的思维品质得到提升。

例如，在进行《鲁滨孙漂流记》这篇文章的教学时，结合教学内容，教师可以按照下述的思维进行问题的设计（图6-2）。

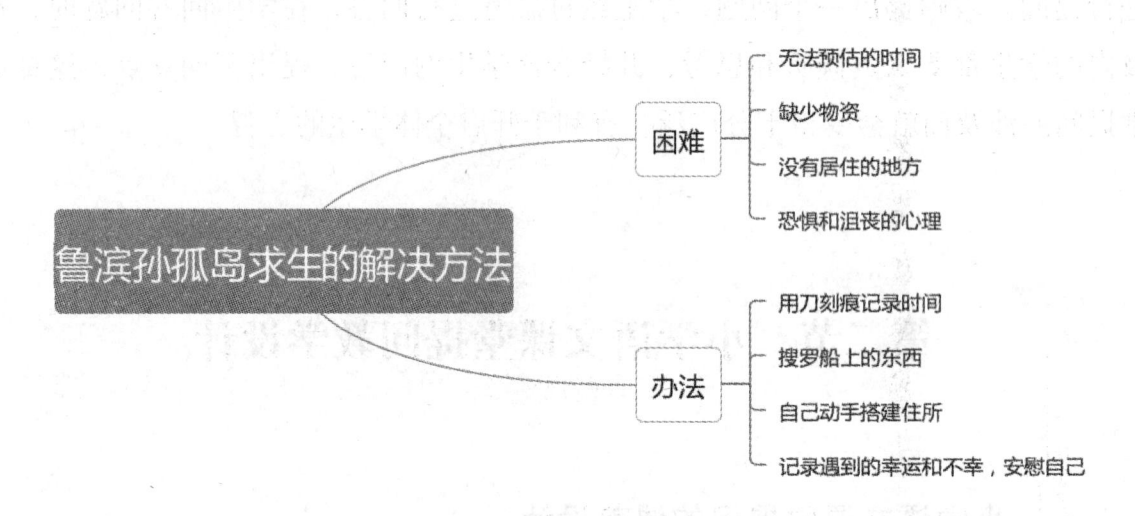

鲁滨孙孤岛求生的解决方法
- 困难
  - 无法预估的时间
  - 缺少物资
  - 没有居住的地方
  - 恐惧和沮丧的心理
- 办法
  - 用刀刻痕记录时间
  - 搜罗船上的东西
  - 自己动手搭建住所
  - 记录遇到的幸运和不幸，安慰自己

图6-2 鲁滨孙孤岛求生的解决方法

通过问题的设计，引导学生层层递进地寻找鲁滨孙遇到的困难，再引导学生通过思考探究鲁滨孙在荒岛解决问题的方法。教师通过问题对学生进行引导，促使学生独立构建课堂思维导图，让学生对文章的重点内容有一个系统了解。在学生可以读懂并理解文本的基础上，引导学生结合文本内容，概括鲁滨孙是怎样度过荒岛生活的，可有效促使学生的概括总结能力得到提高，并帮助学生领会文章的核心内涵。在进行层层深入的提问后，可以促使学生对鲁滨孙的荒岛生活经历形成一定的感悟，让学生正确看待问题，通过问题的现象了解问题的本质。

（二）充分发挥诱导策略，促进思维批判性

由于小学生年龄较小，在进行语文知识学习时，思维往往只能停留在表面，而忽视了文章的核心内容，所以需要教师通过在课堂中进行提问和适时进行追问，来有效提升学生的思维批判性，让学生对文本内容进行更加深入的思考与理解。实践证明，当学生不能回答出问题时，大部分学生都希望通过努力找到正确答案，而不是将这个问题直接忽视。在小学语文教学中，运用诱导策略，一般体现在教师提出问题后，观察学生回答问题的情况，当学生的思维发生偏差时，教师不可直接进行严厉批评，而应该把握时机进行追问，做好思想方面的引导工作，即可有效帮助学生按照正确思路找到问题答案。实际教学中，教师要引导学生对文本内容中的人物进行积极评价，并对学生进行一定引导，启发学生思维，帮助学生降低学习难度。在阅读教学中，不可让学生满足于"我读懂了什么""我知道了什么"，而应该鼓励学生进行大胆质疑"是不是这样""还有什么其他思路解决问题"，如此可让学生在思考过程中做到理性且独立的判断，从而激发学生的思维批判性。[①]

例如，在进行《卖火柴的小女孩》这篇课文的教学时，教师可以将学生进行分组，让学生通过小组合作的形式在文章中找到小女孩在五次擦火柴的过程中分别看到了什么，还要注重引导学生思考：假如小女孩没有死去，她可能还会在烛光中看到什么？小女孩最终会过上怎样的生活？教师要注重引导学生学会在讨论过程中对不同的观点进行甄别，既要聆听他人的想法，也要通过自身独立的思考分辨哪些是正确思路，从而使学生的独立思考能力得到提升。

（三）讲究教法、学法的策略，促进思维灵活性

所谓思维的灵活性，即处理问题时的反应速度与能力。为有效提高小学生的思维灵活性，教师在教学中需要引导学生从多个角度进行文本解读，训练学生从不同角度思考问题的能力，并且教师还需要培养学生利用不同知识和方法解决问题的能力。在小学语文教学中，教师应该引导学生对问题进行多个视角的分析，并以不同的方式来解决问题，为提升学生思维灵活性创造机会与空间。首先，教师应与学生保持和谐的师生关系，从而促使学生跟随教师引导，积极参与课堂问题讨论；其次，教师要做合格的倾听者，聆听学生的观点与想法，尊重学生，这

---

① 陈红.批判性思维视野下的小学语文对话教学模式探讨[J].成才，2022（2）：29-32.

样才能有效鼓励学生在课堂中大胆表述自身观点。对于小学生而言,无论是引导学生进行猜想,还是激发学生进行问题探究,都能促使学生的思维能力获得提升。在实际教学中,教师可以对某一篇文章持有自身独特的看法,学生也应对文章有自身的见解。教师要注重保持学生思维的灵活性,密切关注学生的真实想法,而不是对学生一味地进行批判与忽视,如此才可有效提升学生思维品质。

例如,在进行《长相思》这首古诗的教学时,教师要注重精心设计问题,引导学生体会诗人在异乡深夜之时,对家乡浓浓的思念之情。教师可以引导学生思考"风一更,雪一更,聒碎乡心梦不成,故园无此声"中的"此声"指的是什么,让学生进行大胆猜想,学生结合自身的生活经验猜想"此声"是诗人对父母、妻儿、同乡等的思念。学生在进行问题思考的过程中,思维显得异常活跃,这样可以有效实现改善学生思维品质灵活性的目的。

二、小学语文课堂提问的课中提问设计

(一)造就最近发展区,正确引导学生思维

当学生仅凭自身能力无法自主完成任务时,可以借助他人的帮助。在小学语文教学中,教师应将问题的设计安排在学生的"最近发展区",让学生面对新的知识与问题时,可以结合自身所学内容进行思考与联想,从而获取新的知识。[①]例如,在学习《石灰吟》这首古诗时,教师通过在课堂中进行提问,即可帮助学生过渡到新知识的学习中:

师:同学们,咱们以前学过很多爱国诗歌,你能想到哪首呢?

生:文天祥的《过零丁洋》。

师:是的,这是一首爱国诗歌,那这首诗中哪一句最能表达诗人为国捐躯,死而后已的伟大思想呢?

生:人生自古谁无死,留取丹心照汗青。

师:同学们回答得非常正确,其实与《过零丁洋》类似的诗词有很多,今天我们就来学习于谦的《石灰吟》,这首诗里有一句"粉骨碎身浑不怕,要留清白在人间"也是充分体现了诗人的爱国之情。

在教学过程中,教师首先提问学生曾经学过的爱国诗歌,这可以有效帮助学

---

① 周维.最近发展区理论下民族地区小学高年级语文课堂发言积极性探究[J].读写算,2020(14):137.

生回忆从前学过的知识；在学生回答后，教师顺势将本节所学内容引出，帮助学生过渡到新知识的学习中，并且教师对学生进行提问，与学生之间形成互动，可有效调节课堂教学氛围。此外，教师要结合学生的最近发展区进行有针对性的问题设计，对学生做好引导，促使学生加强对教学内容的理解和记忆。

教师在进行新的知识教学时，应注重深入探究教材，熟知教材特点，要求学生在课前搜集相关学习资料。如此，在课堂中，教师可以更加有效地通过提问帮助学生回忆旧的知识点，同时教师还要引导学生运用自身所学的旧知识帮助新知识的理解。[1] 在学习新知识的过程中，引导学生将新旧知识进行对比，从而发散学生思维，帮助学生找到新旧知识点之间的相同与不同之处；之后以旧知识点为出发点，分析把握新的知识点。结合学生最近发展区进行问题设计，按照学生的实际特点以及对知识的反馈来激发和引导，可以有效提升学生的思维能力。

（二）掌握高效课堂提问的技巧

1.问题难度要适宜，关注学生个体差异

在对教学内容进行规划时，教师可以按照最近发展区进行设计，随时关注学生思想发展水平的变化。教学过程中，教师既要关注班级整体学生的实际学情，也要关注学生的个体差异特点。进行问题设计时，要确保问题面向班上的大多数学生，如果问题设计难度较大，学生通过思考无法正确回答，就会导致课堂陷入冷场，打击学生的学习积极性；如果问题设计过于简单，难以调动学生的思维，就会导致学生丧失回答问题的兴趣。因此，教师设计的问题，一定要把握好难易程度。为帮助全体学生都能获得进步与发展，教师应结合不同层次学生的学情进行问题的设计，对于基础和能力较强的学生，教师应多设计新颖并具有挑战性的问题，让学生在思考的过程中锻炼自身思维能力；对于班级中基础和能力一般的学生，教师可以提出描述型以及分析原因的问题，引导学生通过思考寻找答案，从而提升学生的思维水平；对于语文基础较差的学生，教师应设计偏向于简单记忆型的问题，让学生体会到正确回答问题的乐趣，从而提高学生的学习自信以及学习积极性。[2] 结合学生个体差异进行问题设计，可针对不同层次的学生的思维能力进行锻炼，从而顺利完成教学目标，推动全班学生的整体思维能力获得进步。

---

[1] 刘苗苗.浅谈小学语文教学面临的困境及其对策[J].求知导刊，2022（1）：35-37.
[2] 李文芳.谈小学语文课堂提问的艺术[J].中华活页文选（教师版），2022（5）：57-59.

2. 围绕文本特点由浅入深地设计有效问题

教师一定要在认真解读文本内容的基础上进行问题设计，充分把握教学目标，熟知每一节课的重点、难点之后，再进行课堂提问设计，这样可以提高问题的有效性，推动学生思维品质获得提升。进行问题设计时，教师可以遵循由浅入深的原则，引导学生逐步展开问题的深入探究，这样更符合小学生的思维发展特点，有助于收获理想的教学成效。①

例如，在进行《落花生》这篇课文的教学时，遵循由浅入深的提问原则，教师可以设计这样的课堂提问：

师：文章中的姐姐、哥哥和我对花生的看法是什么呢？父亲对花生又有怎样的看法呢？

生：我和哥哥姐姐都只停留在花生的表面，只有父亲挖掘了花生的内部。

师：那结合花生的形状，父亲所说的话是想告诉作者以及哥哥姐姐什么样的做人道理呢？

生：我们都要做一个能够对社会有意义的人，不能只做表面功夫。

通过设计逐层深入的课堂提问问题，可有效引导学生逐步展开文章的深度学习，从文章字面意思逐步深入文章背后的内涵。让学生在轻松的状态下，跟随教师节奏去理解和学习文章内容，逐渐把握文章中的重难点知识，进而提高学生的课堂学习质量。

3. 正确运用评价语，鼓励学生发问

在课堂中，教师还要注重发挥评价的艺术性。当学生回答问题时，教师要认真倾听，了解学生的思维特点，并根据学生的答案做出评价，鼓励学生发问，激发学生更大的学习兴趣。采取正面积极的评价方式，可以使学生找到学习乐趣，树立学习信心，改善学生的学习态度。如果教师对学生进行消极评价，就会打击学生的自尊心，影响学生的学习积极性，那样将难以促使学生的思维和能力获得发展。② 对于学生的错误，教师应给予包容，不可对学生进行谩骂与批评，应掌握正确的评价方式，引导学生改变思路。举例：面对学生的错误回答。

教师一：不对，你说的都是错误的。

---

① 胡玉雯. 语文名师课堂提问行为的个案研究 [J]. 文学教育（下），2022（4）：87-89.
② 李姝琼. 让评价浸润心田：谈小学语文课堂评价艺术 [J]. 天津教育，2020（25）：187-188.

教师二：老师觉得你说的有一定的道理，你在认真思考问题，老师很欣慰，要继续保持，可以再想想，有没有其他角度。

当面对学生的错误回答时，两名教师做出的评价截然不同。第一位教师直接对学生进行了全盘否定；而第二位教师则对学生进行了中肯的评价，并及时鼓励与赞扬。很明显，如果对学生进行负面评价，就会导致学生的学习积极性受到打击，甚至会伤害学生脆弱的心灵，导致学生失去学习兴趣，成绩一落千丈。因此，在面对学生的错误回答时，教师要冷静理智地做出积极评价，引导学生发散思维，展开问题的再次思考，教师要注重给予引导，帮助学生改变思路，最终找到问题的正确答案。

（三）关注思维品质特性的培养

小学语文教师要注重在教学过程中，加强学生观察能力以及感受能力的培养，同时还要注重强化学生思考问题的能力，提高学生思考的深度与广度。如今我国推行素质教育理念，倡导培育更多创新型人才。学生在小学时期的思维能力十分活跃，教师要注重对学生加强引导，促使学生的思维快速发展，并培养学生的创造性思维和发散性思维。在教学过程中，教师应该通过设计课堂提问的方法，不断促使学生主动产生新的问题，进而进行深度思考与探索，最终实现提升学生思维能力的目的。教师在进行问题的设计时，应注重多设计具有拓展性的问题，可有效促使学生思维发散。

例如，在进行《两小儿辩日》这篇课文的教学时，教师可以设计这样的问题：

同学们，通过阅读文章你可以说一说《两小儿辩日》是怎样表明自己观点的吗？

文章作者想要告诉我们一个什么样的道理呢？

教师可以要求学生结合文章内容自行设计读书记录。通过教师引导，学生以思维导图的形式设计出两小儿的观点，这种方式可以帮助学生快速提炼这一节内容的重点和难点；通过设计开放式的问题，可有效调动学生的想象力，从而培养学生的创新意识和创新能力。在小学语文教学中，加强学生阅读能力的培养，一直都是重要的教学任务。学生阅读能力的好坏取决于学生思维能力水平的高低，因此小学语文教师展开阅读教学时应注重加强学生思维能力的训练，让学生在阅读过程中深入理解文章的内容与内涵，从而完成字面理解到创作理解的转变。在这一过程中，即可有效促使学生的思维能力得到提升。

除此之外，教师还要注重引导学生深入挖掘文本，把握文章重点内容，深刻理解文章中蕴含的道理，学生在理解文本内容的基础之上进行拓展性思考，可有效探索出更多具有价值的知识，使学生的思维品质、灵活性与批判性得到进一步提升。

第三节　提升小学语文课堂提问有效性的方法

一、提问用语，具体明确

（一）引趣悟道，切入正题的直问

"兴趣自疑问和惊奇始"，这句话充分说明一个道理，兴趣才是学生展开学习的动力。因此，小学语文教师应从学生的兴趣培养入手，激发学生在课堂中的求知欲望，这样可以有效促使学生在课堂中保持积极的思维以及主动探索的状态，自然也可以有效提高学生的学习质量。不管是什么题材的课文，题目都可以起到画龙点睛的作用，所以教师可以抓住题目进行发问，从而实现"牵一而动全文"的效果，引导学生对全文展开细致思考。

例如，在学习《船长》这篇课文时，教师可以这样对学生进行提问：

师：同学们，大家看到这个题目，首先想要了解什么信息呢？

生1：老师，船长是谁呢？

生2：为什么要写船长呢？在他身上有什么故事呢？

教师结合课文题目提出问题，从而引导学生发问并展开假想。通过切入正题的直问，可以引导学生抓住课文的主要内容展开文章探索，将问题与课文内容结合起来进行分析与探究，进而提高学生的课堂学习效率。

（二）指点迷津，校正思维航向的发问

在学习过程中遇到困难和挫折是经常的，教师要及时为学生提供指导，帮助学生解开难题，越过思维障碍，让学生疑云消散、茅塞顿开，从而提高学生的

学习质量。例如，在学习《詹天佑》这篇课文时，教师可以引导学生思考"詹天佑是个怎样的人？"以这一问题为中心点进行发问，逐步引导学生进行深度思考"詹天佑在修筑京张铁路时遇到了哪些困难？"学生带着问题进行文章的朗读、分析，深刻体会在"崇山峻岭，悬崖陡坡"的自然环境中修建铁路的艰辛。而且当时我国并没有完备的工程队与设计人员，所有的工程设计都需要詹天佑个人去想办法，这也可促使学生深刻理解"杰出""卓越"等词汇的内涵。学生的整个学习过程经历了由具体到抽象，由特殊到普遍，最后将理论应用到实践中。教师进行提问遵循由浅入深、步步深入的原则，就连文章中"人"字形铁路这一教学难点也可以帮助学生轻松理解和掌握。

（三）全面感知，形成系统的答问

小学语文教材内容的编排是按照一定的知识结构组织起来的完整体系，教师在进行教学时应该顺应知识本身的内在联系，寻找章与章、节与节、问题与问题之间的联系，帮助学生完成新旧知识的联系与过渡，帮助学生构建完整的知识框架。[1]在课堂教学的过程中，教师要注重通过问题的引导，帮助学生将知识点串联起来，突出提问设计的连续性和整体感，帮助学生从整体把握文章内容。

例如，《草原》这篇文章的教学主旨是在草原自然美与人情美的体验下，促使学生形成热爱祖国和民族的思想情感。课堂教学开始时，教师可以要求学生通篇阅读文章，之后进行提问："同学们在读完课文后有什么感受？"引导学生利用自己的语言回答对于文章的整体感受，之后再让学生进行文章阅读，在字里行间找寻"草原美"。学生通过再次阅读文章找到了问题的答案，有些学生直接利用文章中的原话回答问题，如"那里的天比别处的更可爱，空气是那么清，天空是那么明朗，使我总想高歌一曲，表示我满心的愉快。""那些小丘的线条是那么柔美，就像只用绿色渲染，不用墨线勾勒的画那样，到处翠色欲流，轻轻流入云际。"

接下来教师要引导学生感悟课文，此时教师可以提出这样的问题："同学们，在课文中，你们除了找到了草原美，还感受到了哪些其他的美？"通过问题继续引导学生探索文章，感受文章中的"人情美"。有的学生回答："也不知道是谁的手总是热乎乎地握着，握住不散。大家的语言不同，心可是一样。握手再握手，笑了再笑。你说你的，我说我的，总的意思都是民族团结互助。"有的学生找到了

---

[1] 肖宏云. 小学语文教学有效提问方法浅谈[J]. 试题与研究，2021（29）：111-112.

另外描写人情美的语句:"太阳已经偏西,谁也不肯走。是呀!蒙汉情深何忍别,天涯碧草话斜阳!"教师通过进行精心设计的提问,对学生进行引导,可帮助学生体会到文章中描写的蒙汉情深、民族团结的思想情感,进而激发学生热爱草原、热爱草原人民的情感。

在上述案例中,教师设置的问题准确地把握了课文结构的联结点,帮助学生将通篇文章进行了梳理,帮助学生对文章进行整体把握,加深了学生对文章的理解和记忆。

二、课堂提问,注重创新

想要提升课堂提问的有效性,还要注重创新,创新形式包括以下几种(图6-3)。

图6-3 小学语文课堂提问的创新形式

(一)模拟情境式

在全新教育理念的影响下展开小学语文教学,教师应摒弃过去传统的教学设计,抛开基础学科逻辑的弊端,强调从学生的实际生活出发,创设生活化的教学情境,这样更符合教育规律,从而提高教育成果,培育更多全面发展的高素质人才。[①] 由于小学阶段学生缺少足够的生活阅历以及知识经验,语文教师在设计课

---
① 李爱斌. 浅谈小学语文教学激发学生文本阅读兴趣的有效策略[J]. 新课程,2022(1):91.

堂提问的问题时,应结合学生的实际情况,创设有效的学习情境,只有这样才能有效促使学生的学习质量得到提高。

小学语文教师在进行教学情境的创设时,应从学生的实际出发,尽可能创设与学生实际生活相关的情境,鼓励学生将真实问题与所学内容进行结合,并运用自身已有知识、经验进行问题的解决。例如,在学习《晏子使楚》这篇课文时,在课堂导入阶段,教师可以向学生展示一块匾额,上面书写四个大字"规圆矩方",其中"矩"字上多写一点,通过这种方式引导学生针对"为何多一点"进行讨论,为后续教学活动的顺利展开奠定生活情境基础。

(二)情感体验式

心理学家认为,学习兴趣是构成学生学习动机的核心成分。[1]培养学生的学习兴趣,可有效促使学生进行知识探索,提高学生的情感体验。随着学生学习体验的不断深入,可有效促使学生产生更大的学习需求,进而促使学生展开知识的深度探究。例如,在学习《蜗牛》这篇课文时,教师可以先让学生参照自身对于物体和自然现象的理解和发现,引导学生观察与接触现实情况,从而调动学生的想象力,促使学生发散思维,进而加深学生对于学习内容的感悟与理解。教师可以带领班级内的学生亲自到大自然中捉蜗牛,为蜗牛设计一个家,并通过实践活动,了解蜗牛的生活习性。

在这一过程中,学生通过观察、提问、假想后再进行文章的阅读,可有效加深学生对于课文内容的理解。在学习"蜗牛是怎样在垂直平面爬行"这一部分内容时,教师可以引导学生结合自身的生活经验来体会,让学生回忆自己爬山的经历,从而体会蜗牛爬行的艰难。这一部分既是文章的重点,更是可以在课堂中调动学生学习积极性的热点,学生通过换位思考、体验和感受蜗牛爬行的艰辛。学生在教师精心设计的实践活动和问题的启发下完成知识的学习,在愉悦的心情下把握文章主要内容,如此可以有效提高学生学习的质量与效率。

(三)拓展视角式

在小学语文课堂中,课堂提问不仅是教师对学生进行提问,更需要学生向教师进行提问,学生将自身疑虑大胆地表述出来,教师才能结合学生的问题展开针

---

[1] 杨巧花.小学语文学习中兴趣培养的重要性[J].科幻画报,2022(3):207-208.

对性教学，从而推动学生发展。小学语文教师应善于鼓励学生勇敢提问，大胆质疑，这是有效改变学生学习方式的手段之一，也是实现师生之间有效互动的途径之一，对于提升学生的思维品质和学习效率具有显著效果。

1. 创设氛围，挖掘潜力

在小学语文课堂中，教师应创设师生之间平等对话的情景，从而调动学生的学习主动性。由于小学生年龄较小，教师需要对学生进行逐步训练与引导，鼓励学生大胆参与教学活动，让学生在学习过程中大胆提出问题，才能实现教师与学生之间的有效互动。教师应该为学生提供心理安全，允许学生犯错。在学习中，错误的出现反映了学生认识的阶段性和递进性，尽管学生有时会出现比较低级的错误，但只有通过不断对错误进行辨析与筛选，才能帮助学生找到正确的答案。因此，教师为学生提供心理安全，允许学生犯错，才是与学生之间进行有效沟通的前提。

教师低估学生的学习潜能比高估更可怕。这就要求教师应充分相信学生的表现和潜能，给予学生更多的表现机会与平台。实际教学中，教师不可将学生的表现纳入教师的预设，要给予学生充分发挥自身潜能的空间。为了帮助学生建立心理安全，教师应适当采用激励性的评价，帮助学生保持在课堂中积极进行学习与讨论的热情。由于小学生的语言知识有限，很难将自身想要表达的想法用准确、完整的语言表达出来。如果教师对学生的要求过于严格，就会导致学生不敢大胆发言或者阐述的内容漏洞百出。因此，想要引导学生自行进行知识的探索，教师就要善于理解学生的表现和语言，并根据学生的发言对学生的思维进行引导。

培养学生的质疑思维，教师首先应该明确课堂提问不仅是教师的权利，更应该是学生的权利。小学语文教师应引导学生在学习新知识的基础上，大胆质疑，积极进行探索。如此才能有效促使学生的学习质量得到进一步提升。由于班级内的学生之间存在较大差异，在质疑问题时，很多学生不能提在点子上、关键处，此时教师应当以鼓励为主，消除学生在课堂中紧张、畏惧的心理，培养学生质疑的意识与习惯。如果在课堂中没有学生提出问题，或提出的问题没有价值，教师应该引导学生继续发现问题，并组织学生进行自由讨论，让学生尝试自行解答问题。例如，在进行《没有快乐的波斯猫》这篇课文教学时，教师可以直接为学生出示课文题目，并根据题目进行提问："同学们，大家看了这个课文题目有什么疑问吗？"教师的鼓励能促使学生各抒己见，学生结合课文题目进行提问，并且学生提出的问题就是本节课教学目标的一部分。此时教师完全可以结合学生提出的问题展开教学。通过这样的课堂环节，可有效挖掘学生的内在潜力，让学生感受到提出问题、获取知识的成就感，从而进一步激发学生学习的积极性和主动性。

2.教授方法，有"疑"可质

现代教育理念强调了在学习中合作的重要性，因此小学语文教师要允许班级内的学生通过多种方式进行交流。想要引导小学生积极参与课堂教学活动，就要培养其选择用自己擅长的方式（语言、文字、图表等）表述探究过程和结论的意识、习惯。因此，小学语文教师不可对学生表达探究结果的方式进行硬性规定，要鼓励学生用自己擅长的、熟悉的、力所能及的方式表达自己的探究结果，还要培养学生学会倾听他人意见的意识和习惯。

在传统的小学语文课堂中，通常都是教师讲、学生听，这样会导致师生之间的交流变得不通畅，难以实现师生之间的有效互动。因此，教师要让学生学会倾听其他同学的回答，正确分辨他人发言中的"优点"，学会取人之长、补己之短；如果与他人意见不同，要勇于表达并证明自身想法的正确性，这样的过程可以促使学生开动脑筋找依据、找理由、找方法，使学生的思维和语言能力得到提升。

小学语文教师在进行课堂提问时，应遵循"少而精"的原则。教师采取恰当的引导，帮助学生掌握正确质疑的方式；学生通过思考，各抒己见，并结合文章中的内容或者自身感兴趣的内容进行提问；教师针对学生提出的问题进行筛选，对于一些没有实际价值的问题进行舍弃，并引导学生提出更具探究价值的问题。例如，在学习《西门豹》这篇课文时，有的学生提出了诸如"河神选择新娘子的标准是什么？""西门豹有女儿吗？是不是已经结婚了？"等问题，对于这些没有价值的问题，教师要告知学生："同学们，你们的好奇心老师可以理解，但这些问题与西门豹不迷信、敢于与当地相生作斗争的关系并不密切，今天我们暂时不进行探讨，如果有同学感兴趣可课下自行查阅相关资料或与同学讨论。课上大家要围绕有关西门豹的所作所为、人物品质等方面进行提问。"通过教师的提醒，学生会自行分析哪些问题是重要的，哪些是不必进行深入研究的。在遇到学生找不到学习重点的情况时，教师可以引导学生从题目入手，发现课文的重点内容并进行质疑，也可引导学生从文章结尾处入手思考"导致这种结果的原因是什么？过程是什么？"从结果探究质疑，可以帮助学生进行有重点地质疑，让学生置身于问题之中，形成强烈的问题意识，促使学生在问题驱动下调动自身思维，积极进行思考，有效发挥学生的主体作用，促使学生成为学习的主人。

3. 有效点拨，促进质疑

爱因斯坦曾经说过，提出一个问题远比解决一个问题更重要。可见培养学生的问题意识是十分重要的。作为新时代的语文教师，应在教学过程中鼓励学生大胆进行提问，培养学生的问题意识，这是帮助学生提高质量和效率的便捷途径。首先，小学语文教师应改变传统的教学理念，加强学生的学习情感体验，营造民主、和谐的课堂教学氛围，结合不同文章感情的侧重点，对学生进行有针对性的情感渗透，从而深入了解本班学生的知识结构、能力水平、规律等因素；教师还要深入挖掘教材，吃透教材，便于后续开展教学活动时，为学生进行及时点拨，引导学生展开学习内容的多向探究。

教学中，小学语文教师可以从课文的不同角度展开教学，包括教材内容、关键语句、段落结构、写作方法等，引导学生发现问题、提出问题，鼓励学生进行思维尝试，将学生的质疑水平提升到新的高度。例如，《快手刘》这篇课文，作者在文章中将快手刘变戏法的过程描写得十分生动逼真，动态感十足；同时又充分描写了孩子天真的心理，整篇文章富有童趣，很容易调动学生的阅读积极性。教师可以采取质疑法展开这篇课文的教学，以问题贯穿全文，引导学生加深对于文章的理解和感悟。

教师可以引导学生从题目入手进行质疑："同学们，看到这个题目大家有什么想要问的吗？"学生纷纷举手回答，有的学生提出："什么是快手？做什么很快？"有的学生提出："快手刘是一个人的代号吗？他是做什么的？"还有的学生提出："快手刘有多快？"面对学生的诸多问题，教师可以引导学生阅读课文，找寻自身疑惑的答案。学生阅读完毕后，通过分析文章内容即可解决针对题目提出的诸多问题。此时教师可以对学生提出进一步的要求，让学生通过阅读文章，找到变戏法过程中对"我"的心理活动的描写，可以引发学生新一轮的质疑，如"文章中作者主要从哪些方面描写了快手刘变戏法？""文章中还写了'我'的什么？""文章中为什么要描写'我'的话语和心理活动？"学生提出质疑，可以引导学生更加深入地进行文章阅读，从而感受快手刘变戏法技巧的纯熟，教师要抓住主要问题进行归纳，帮助学生将注意力集中在文章的关键处，进而提高学生的学习质量。

想要培养学生的质疑思维是一项需要长期坚持的工作，教师要对学生进行长期、科学、系统的培养，才能有效提升学生质疑的能力，并推动学生阅读理解能力获得良好发展。

4.处理好质疑和释疑的关系

在现阶段的语文基础教育中，如何解决学生提出的问题？这是教师需要关注的地方。质疑是学生的学习手段，释疑才是教学目的。如果教师对于班上学生提出的问题不予理会，就会严重打击学生的学习积极性；如果对于学生提出的问题，教师没有认真进行释疑，同样会对学生的学习兴趣造成不良影响。当学生提出有探讨价值的问题时，教师一定要保护好学生提问的积极性，并对学生进行启发与引导，组织学生们共同进行讨论，找到答案。释疑的方式包括很多种，"读"是一种基本的途径，通过阅读文章内容可以解决许多疑问；"辩"也是一种很好的解决方法，在"辩"中进行思维碰撞，学生聆听他人想法，反思自身观点，学会筛选与归纳，理出头绪，找到答案，从而对知识点形成深刻的印象。例如，在学习《小音乐家杨科》这篇课文时，有的学生提出了这样的问题："老师，我认为这篇文章的题目不恰当，只有深度掌握某种本领的人才称得上专家，而杨科只是喜欢音乐，我认为他不是音乐家，所以这个题目不恰当。"这位学生的发言引发了不少其他学生的响应，此时教师可以改变原定的教学计划，以"谈一谈你对专家的看法"为主题，组织学生进行讨论。在激烈的讨论过后，学生认为：杨科虽然在音乐上没有取得很大的成就，但是他将自己的全部身心甚至生命都用来热爱音乐，是无人可比的，所以他也可以称得上是音乐家。

学生不光经历了质疑和释疑的过程，还体会到了质疑和释疑的快乐，从而激发学生的学习积极性。通过这一案例可以看出，在小学语文课堂中构建有效课堂，离不开教师的艺术引导和问题策略的实施，更离不开学生良好的学习方式。小学语文教师要注重引导学生建立新的学习方式，让学生积极主动地学习，并进行独立而富有个性的学习。在探究学习的教学模式中，要注重培养学生敢于创新和辩论的习惯，将辩论放到与学习同等重要的位置上。让学生大胆质疑，勇敢提问，可促使学生的思维得到迅速发展，为学生形成终身学习能力奠定基础。

在语文基础教育中,小学教师如果只在课堂中进行简单发问,难以有效实现理想的教学成果。进行课堂提问,应该起到推波助澜的作用,引发班级内学生展开热烈讨论,并在讨论中互相进行提问,让现代小学语文基础教育呈现出自主、合作、探究的学习氛围。教师要注重课堂提问的艺术性和有效性,遵循课堂提问的原则,把握好问题的数量以及质量,在恰当的时机进行提问,及时有效地进行反馈,这样才能有效促进教学目标的实现,为小学生的语文综合素养提升奠定基础。

第七章　小学语文课堂教学与德美劳教育的深度融合

本章主要进行小学语文课堂教学与其他学科的深度融合，详细介绍了语文教学中渗透德育、美育、劳育的方式方法，以期以小学语文教学为基础，使学生德智体美劳全面发展。

第一节　小学语文课堂教学中德育的渗透

汉语是中国人的母语，小学语文教学是围绕汉语展开的教学活动。一个国家的语言是传统文化的重要组成部分，是古代人们智慧的结晶，其承载着国家与民族的思想和情感，底蕴深厚。所谓"教育"，是由两部分构成的，分别为"教书"和"育人"，教师不仅要完成知识的传递，还要注重加强学生的道德教育。"立德树人"这一教育思想在我国传承千年，在小学语文教学中，教师要以教学内容为本，深入挖掘教材中与德育相关的内容，注重知识的科学延伸，加强学生的德育，如爱国主义思想、艰苦奋斗精神、尊师重道思想、民族文化自信等。[①] 切实落实小学生的德育工作，推动学生综合素养的全面发展，为国家和民族培育更多优秀的社会主义接班人，传承中华文明，发扬民族精神。在小学语文课堂教学中，教师可以从以下几个方面渗透德育相关内容（图7-1）。

[①] 董寿田.关于小学语文教学中渗透德育的策略分析[J].新课程，2022（17）：222-223.

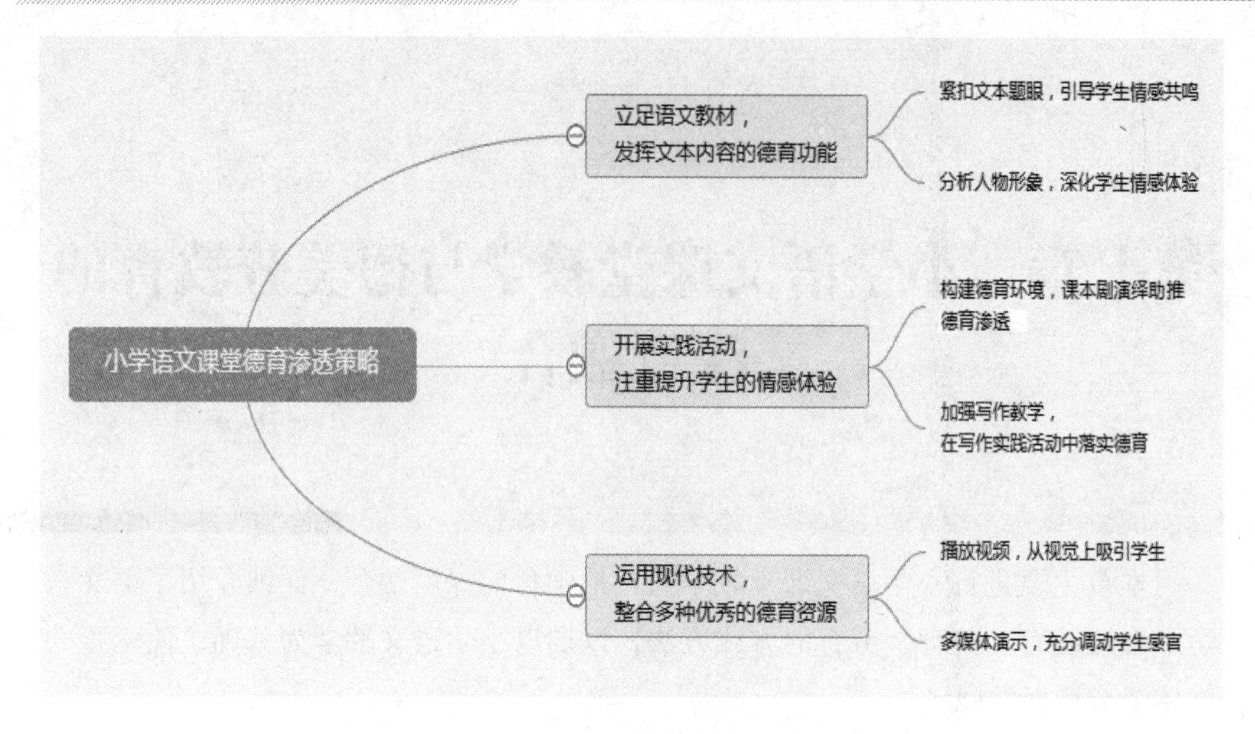

图 7-1　小学语文课堂德育渗透策略

一、立足语文教材，发挥文本内容的德育功能

为推进我国教育事业改革，提高学生的综合素养，小学语文教材充分考虑了小学生的年龄特征、认知规律等，在教材中收录了大量文质兼美的文章，内容全面、种类多样，是推动学生全面发展的有力工具。在语文教材中，有歌颂英雄人物的文章，详细描述了英雄人物的事迹，将学生引入历史背景，深切感受英雄人物为理想、为信念，勇于牺牲自我的伟大精神；有赞美大自然的文章，描绘了祖国大好山河的秀丽景色，可激发学生对祖国山河的热爱之情；有童话和寓言故事，用学生喜爱的形式叙述精彩的故事，向学生诉说为人处世的道理；有科技感十足的文章，启迪学生智慧，培养学生的创新意识和创新精神。[①]

在实际教学中，教师要把握好每一种类型文章的特点，找到其中与德育内容的契合点，在潜移默化中渗透德育内容，浸润学生心灵，提高学生的思想觉悟。教师要引导学生自主进行阅读，并且边读边想，在阅读中思考文章内容，感悟其中的思想，再加上教师的适时点拨，可有效让学生对课文内容形成认可、认知与理解，并将其中的道理内化于心。教材中有大量文质兼美的文章，教师可以采取

---

① 张小燕.发挥学科育人优势在语文教学中有效渗透德育：以统编版小学语文教材三年级上册第三单元教学为例[J].辽宁教育，2022（1）：93-94.

情感教学法,激发学生内心的情感,让学生深刻体会文章中蕴含的真善美,培养学生热爱祖国、热爱家乡、热爱生活的情感,不断熏陶学生的思想,推动学生道德情操的发展,确保德育工作落到实处,激发学生积极向上。

(一)紧扣文本题眼,引导学生情感共鸣

课文的课题,可以让学生对课文形成第一印象,并通过课题展开课文的深入探究。我们可以将课题称为"题眼",紧扣题眼进行文章的探索,有助于学生把握文章主旨,了解文章主要内容,还可起到调动学生情感,引导情感共鸣的作用。例如,在《微笑承受一切》这篇课文的教学时,教师要引导学生把握"一切"这一关键词,让学生通过阅读文章,理解"一切"包含哪些含义。通过阅读,学生了解了桑兰遭遇的不幸,从此以后需要面对生活上和精神上的双重打击。紧接着,教师要引导学生仔细阅读文中具体描写桑兰遭遇不幸后表现的语句,让学生感受到桑兰以积极乐观的心态面对自身遭遇的"一切",进而也可以让学生深刻理解题眼中"承受"一词的含义。让学生从桑兰经历不幸却始终勇敢面对的事迹中得到启示,使其了解面对生活和学习中的挫折和困难,应该保持乐观积极的生活态度。

又如,《特殊的葬礼》这篇文章的主旨是关爱地球、保护环境。在文章中,作者将塞特凯达斯大瀑布过去与现在的景象进行了对比,用巨大的差异说明了破坏环境对大自然造成的危害。作者细致描写了塞特凯达斯大瀑布昔日壮阔的景象以及今日日渐枯竭的景象,刻画了这场葬礼的"特殊",意在激发人们保护环境的意识。由于塞特凯达斯大瀑布与学生的生活相距甚远,单凭文中文字的描写,学生很难在脑海中对瀑布的景象形成清晰的"画面",不利于加深学生对文中内容的理解。教师可以引导学生抓住题眼中"特殊"一词,并教给学生读懂这类文章的方法,并运用现代化教学设备、借助影像资料,调动学生的想象力,引发学生情感的共鸣,激发学生热爱自然、保护环境的意识与情感。首先,启读。抓住题眼,对其中的关键词产生疑问,质疑葬礼的"特殊"点,在疑问的驱动下自主进行阅读,可锻炼学生的自主阅读能力。其次,精读。对文章进行细致阅读,提升学生的阅读情感。感受塞特凯达斯大瀑布"昔日壮观"的景象,联想塞特凯达斯大瀑布"今日枯竭"又是怎样的一番景象。通过对比瀑布昔日与今日的景象,激发学生对于瀑布的景象由盛到衰、生态环境遭到破坏的惋惜之情,让学生深刻明

白保护生态环境的重要性，促使学生将爱护地球、爱护环境、爱护自然的思想内化于心。

（二）分析人物形象，深化学生情感体验

在中华民族的历史长河中，一位位英雄人物、仁人志士，就像一颗颗璀璨的明珠，点缀着历史长河这条"银丝带"。在这些英雄人物、仁人志士身上，有中华民族最动人、最闪耀，值得代代相传的人文精神以及伟大思想。因此，在小学语文教学中，遇到关于英雄人物描写的文章，教师要着重引导学生深切体会这些人物身上可歌可泣的伟大精神以及崇高人格，其可以在无声中对学生的思想带来积极影响，促使学生成为明辨是非曲直，理解真善美丑，并且拥有正确思想价值观念的人。如文天祥"人生自古谁无死，留取丹心照汗青"的视死如归，为国捐躯的豪情壮志；鲁迅"横眉冷对千夫指，俯首甘为孺子牛"的崇高境界；范仲淹"居庙堂之高则忧其民，处江湖之远则忧其君"的忧国忧民思想；朱自清宁可饿死，不领美国救济粮的民族气节等。在这些英雄人物、文人志士身上，有崇高的精神和优秀的品质。学生通过解读和体会可以受到启迪、浸润心灵，促使其形成崇高的思想道德品质。例如，在学习《将相和》这篇课文后，教师要重点引导学生分析蔺相如在"渑池会"上的表现，对这一人物形象有一定的了解，让学生思考为什么蔺相如的本事这么大；但是在面对廉颇时，却一再忍让他的挑衅，从而促使学生深度体会蔺相如以国家为重、以大局为重，不计较个人得失的爱国精神。值得注意的是，虽然要让学生清楚蔺相如的"大度"，但不可将廉颇当成反面教材，可以引导学生从廉颇知道自己对蔺相如的误会后，身为大将军的他可以"负荆请罪"这一角度来认识这一人物形象。廉颇因为嫉妒迷了心窍，但他可以及时醒悟，并知错能改，主动请罪，也是十分难能可贵的，可见在廉颇心中，同样将国家的利益放在十分重要的位置。在教学中，教师可以安排两名学生模拟廉颇负荆请罪时，廉颇与蔺相如之间的对话。通过这样的实践活动，可以让学生对文章中的两位主人公有更深刻的认知，感受他们以国家利益为重的爱国精神。

对于小学生而言，榜样的力量是无穷的。小学阶段的学生擅长模仿，通过语文教学，让学生接触多个英雄人物的形象，很容易促使学生向这些模范人物学习，促使学生形成高尚的思想品质。这是在小学语文教学中渗透德育的重要途径。例如，在学习《丰碑》这篇课文时，从课文中可以得知，冻死的老战士就是军需处

长,教师要引导学生思考这是为什么:"同学们,老战士被活活冻死,将军知道后愣住了,这是为什么?你是怎么想的呢?"通过教师引导,学生就会深刻体会老战士的"伟大",将所有棉衣都让给战士们穿,自己身为军需处长却被活活冻死。通过学习这篇文章,学生不仅可以体会到军需处长舍己为人、无私奉献的崇高品质,更会明白如今的幸福生活得来不易,从而更加热爱祖国、热爱党。

在教学中,教师还可以通过引导学生进行人物形象对比的方式来渗透德育内容。通过对比文章中两个人物的形象,可以更加突显出正面人物的高尚品质,促使学生向其学习,进而形成良好的道德品质。例如,《信箱》这篇课文中包含兄妹两个人物,人物的相同点是两人都想要管理信箱;不同点是妹妹最终因为关心别人、助人为乐,而得到了管理信箱的钥匙。通过对比文中人物的形象,可以让学生更加清楚做人的道理,促使学生养成良好的是非观念。

二、开展实践活动,注重提升学生的情感体验

实践教学也是小学语文教学的重要组成部分,因此自然可以通过开展实践活动来落实学生的德育。通过组织丰富的课外活动,不仅可以丰富学生的学习生活,促使学生在互动中收获更多的知识,还可提升学生的情感体验,促使学生的思想品德获得改善。通过小学语文教学,可以开展多个方面的德育教学,做到课内外相结合,以多种不同形式组织教学实践活动,不仅可以实现对课堂内容的补充,还可拓宽德育路径,增强学生综合素质。语文教师可以要求学生在课余时间阅读感兴趣的课外书,利用班会时间组织德育相关的诗歌朗诵比赛、成语故事会、课本剧表演等,也可组织学生制作手抄报、简报等。多样化实践活动的开展,丰富了学生生活,增加了学生的知识和技能,还可在潜移默化中熏陶学生思想,培养学生积极向上的精神,深刻体会祖国语言文化的博大精深,从而激发学生的爱国情怀。

(一)构建德育环境,以课本剧演绎助推德育渗透

语文无处不在。在我们的身边蕴藏着大量的语文教学资源,作为新时代的小学语文教师,要注重培养自身的教学资源开发意识,加强开发生活中的语文教育资源,丰富课堂教学内容,构建生活化的教学情境,从而调动学生参加活动的积极性,帮助学生调节心理,有利于学生身心发展。因此,小学语文教师要注重通过身边的各种教学资源构建良好的德育环境,切实促使学生的思想观念、品格

修养等获得改善。例如,小学语文教师可以充分挖掘语文教材的价值,将教材中学生喜欢的文章编排成课本剧,每月抽出一节语文课的时间,举办"戏剧表演赛""课本剧演绎"等活动。作为剧本的课文,学生可以自行选择,并自行结合成"演出队伍",利用课后时间讲课文,进行改编,分角色进行表演。为了在表演比赛中取得理想成绩,学生会认真对待剧本改编、角色分配、排练、演出等流程,自觉承担自身在小组内的任务和义务,这样可有效促使学生的沟通能力、合作能力以及集体荣誉感提升。通过组织语文活动,可以充分调动学生的参与热情,让学生在活动过程中充分动脑、动手、动口,为学生提供锻炼思维、发展智力的大舞台,有利于推动学生身心和谐发展。实践活动的开展,可以丰富学生的生活,帮助学生调节紧张的学习状态,还可发展学生的竞争意识,对学生形成良好道德品质具有重要意义。

(二)加强写作教学,在写作实践活动中落实德育

语文学科具有一定的开放性和工具性,可以为人们的生活提供服务。在语文教学过程中,教师要注重运用多元化教学模式,加强德育渗透,为学生全面发展做好铺垫。小学语文教学分为多项内容,包含写作、阅读、口语等,教师要抓住每一个可以将语文教学与德育进行融合的契机,切实以小学语文教学为基础,推动学生思想道德品质的改善。小学语文写作教学的德育元素也是不容忽视的,通过展开写作教学,可以促使学生养成善于观察生活、分析总结、客观认识事物的习惯与能力,从而将学生培养成生活中的"有心人",并引导学生口头描述或者采取书面语言的形式再现事物的特质,这种方式可有效帮助学生形成良好的写作技巧。学生在观察中联想、在分析中感悟,可以促使学生产生种种思想情感,并对事物产生自身独到的看法和见解。因此,小学语文写作教学也承担着学生德育的责任。

小学阶段的学生活泼好动,热衷于参加各种活动,但学生通常报以玩味的心态,很少会认真仔细地观察活动中的事物或者认真感受活动过程。此时就需要教师加强引导,促使学生在活动中认真观察,掌握事物特点,积累写作素材,为后续写出具有真情实感的文章做铺垫。很多学生都是家里的独生子女,平时受到家长宠爱,很少有机会参与家务劳动。教师要注重培养学生的劳动观念以及生活自理能力,并通过亲自劳动学会理解他人、体谅他人、尊重他人以及他人劳动成果。

教师可以通过组织实践活动和加强学生写作训练的形式来完成这一德育目标。在母亲节到来之际，教师可以号召班级内的学生为自己的母亲做一件力所能及的小事，并用书面语言记录下来，可以记录事情的过程、母亲的神态和语言、自身的感受等。实践活动的开展遵循了小学生的认知规律，学生回家会积极完成任务。通过审阅学生的作文，发现学生完成任务的方式多种多样，有的学生为母亲洗了一件衣服，有的学生为母亲捶背捏肩，有的学生帮母亲扫地……学生将与母亲的对话以及自身的感受都记录在作文中。很多学生都表示通过这次活动对母亲有了进一步的了解，感恩母亲日常对自己的关怀与照顾，体会到母亲日常照顾自己的辛苦。通过这次活动，不仅锻炼了学生的实践能力和写作能力，提高了学生的生活自理能力，更顺利地完成了感恩教学，实现了语文写作教学与德育的有机融合。

日记是"道德长跑"，每天坚持认真记录，可以促使人心灵求真、向善、爱美。因此，写日记、写周记，也是一种加强德育渗透的有效途径。学生在写日记的过程中，记录的是自己内心真实的想法，这便起到了使人求真的作用；通过日记写作，对自身进行反思，便起到了使人向善、爱美的作用。小学语文教师应充分发挥写作训练的德育功效，让语文课堂成为学生追求真善美的乐园。

三、运用现代技术，整合多种优秀的德育资源

随着科技的飞速发展，教学方式也变得更加现代化，尤其是在小学语文教学中，利用多媒体教学设备可以轻松构建良好的教学情境，从而调动学生的学习积极性，促使学生对于文本内容形成更加深刻的理解，提高学生的学习质量和效率。利用多媒体教学设备，可以将抽象的文字内容转化为生动立体的形象，让语文知识变得更加富含趣味，顺应小学生的认知特点，让学生在课堂教学活动中投入更多的时间和精力。同时，利用现代技术声情并茂、视听结合的特点辅助教学，可有效提高学生的审美情趣，加深学生的心灵感悟，从而切实落实学生的德育工作。

（一）播放视频，从视觉上吸引学生

运用现代技术，营造良好的教学情境，是每一位小学语文教师都应掌握的基本能力。在课堂中创造符合课文内容的教学情境，可以带给学生身临其境般的感受，学生置身于文本渲染的情境中，即可对文本内容形成更加深刻的理解和感受，从而产生强烈的情景感应效果。

例如，教学《长城和运河》这篇课文时，教师可在课堂中充分运用现代技术，

以音乐、音频、视频等资源作为课堂教学的辅助工具，对学生的感官造成刺激，有效激发学生的学习兴趣。当学生进行文本的反复朗读时，便不再感到枯燥乏味，能够有效提高学生朗读的积极性。通过音频的播放，烘托、渲染气氛，利用音乐为学生的朗读配乐，有助于学生体会这篇文章内容的诗意；通过观看视频，感受万里长城以及大运河的壮丽景象，可以帮助学生更好地读出文本的气势。利用现代技术营造课堂教学情境，可以让课堂气氛活跃轻松，学生学习热情高涨，进而促使学生积极参与教学活动。

又如，《笋芽儿》这篇课文中详细描述了笋芽儿冲破阻碍、顽强生长的过程，目的在于让学生体会笋芽儿拼搏向上、茁壮成长的精神。为了让学生更好地观察笋芽儿的生长过程，教师可以在课堂导入阶段为学生播放一段笋芽儿成长为竹子的生长过程，这样可以迅速抓住学生眼球，让学生明确本节课的教学内容，视频画面不仅会对学生的视觉造成冲击，还能让学生真切感受到笋芽儿顽强的生命力。教师还可以适时进行提问："同学们，笋芽儿长成一棵竹子这个过程漫长吗？需要哪些生长条件呢？"学生纷纷举手回答问题，有的学生说："笋芽儿长成一棵竹子需要很久，它需要光和水。"有的学生说："需要打雷下雨。"还有学生补充说："笋芽儿生长需要枯的竹叶做养料。"学生的回答都是正确的，教师要肯定学生的答案，为了让学生进一步感受笋芽儿顽强生长的精神，教师可以继续对学生进行引导："同学们的回答都很正确，阳光、雨露、养料，都是笋芽儿生长的必备因素，但是还有一个关键因素存在于笋芽儿身上，老师再为大家播放一遍视频，大家结合视频思考一下是什么？"通过教师的引导，学生更加仔细地观看视频，并展开深度思考，最后在学生的共同讨论下得出答案——笋芽儿的生长离不开自身冲破阻碍、顽强向上的生命力。教师要引导学生向笋芽儿学习，学习笋芽儿不管遇到什么困难和阻碍，都要有勇于拼搏、奋发向上的精神。

（二）运用多媒体演示，充分调动学生感官

小学低年级的学生以形象思维为主，多媒体教学设备的运用符合小学生的认知规律，有助于学生对事物形成深刻认知。通过多媒体教学设备的运用，可以将抽象的文字，转化为图片、动画等直观形象，对学生的感官造成直接刺激，从而吸引学生注意力，促使学生深度理解知识并记忆，还可有效激发学生的认知情感。

例如，在教学《荷叶圆圆》这篇文章时，教师可以充分利用多媒体教学设备，

整合多种教学资源，充分调动学生的感官。教师在教学时可以利用多媒体教学设备为学生展示提前制作好的精美课件，使用视频播放功能为学生展示一池碧绿的荷叶，让学生仔细观察"圆圆"的荷叶；再利用音频播放功能为学生播放播音员朗诵课文的录音，这样可以让教学课件变得更加生动、立体。将教材中的静态文字转化为具体的动态影像，可以让学生对文章内容形成更加全面的理解；利用多媒体教学设备，让学生充分体会文字中蕴藏的意境美、音乐美、艺术美，有助于学生更加深刻地感知作者对文本中描写景象的情感，了解作者内心想要表达的思想；利用现代技术制作精美课件，可有效丰富课堂教学资源，对学生的感官造成直接刺激，从而激发学生的积极心理因素，提高学生学习积极性，实现真正的乐学、爱学氛围。

再如，进行《火烧云》这篇课文的教学时，如果只靠阅读课文，学生很难充分联想到火烧云的颜色、形状的变化之快，也就无法深切体会大自然的美和神奇。因此，教师可以利用网络资源或者自己动手制作火烧云不断变化的动画，让学生边读课文边观看动画，将文章中"由红彤彤到金灿灿，到半紫半黄，再到半灰半百合色……形状也在悄悄变化着：开始像马，接着变成了小狗，狗又变成了狮子……"转化成动态影像呈现在学生眼前。学生在惊叹火烧云景色变幻莫测的同时，可以充分感受到大自然的美，从而激发学生热爱自然、探索自然的兴趣。

《于永正语文教学艺术研究》一书中提到，如果在教育学生的过程中，让学生感觉到教师在教育他，那就说明教师的教育是失败的。这一观点充分说明了小学语文教学中德育"无痕渗透"的真谛。在小学语文教学中，渗透德育的方式有很多种，教师应该立足语文教学，深入挖掘教材中与德育契合的点，加强德育内容的渗透，丰富教学形式，调动学生参与学习活动的积极性，为国家培育更多品学兼优、品格高尚的社会主义接班人。

第二节　小学语文课堂教学中美育的渗透

现阶段，素质教育是我国教育界的主旋律，提升学生的核心素养成为教育工作的核心内容。推动小学生的审美能力发展是当代语文教学的重要目标之一，是推动学生全面发展的需要。想要有效提升学生的审美能力，就需要教师在日常教学工作中有意识地渗透美育内容，除了为学生进行语文基础知识教学之外，还要采取多样化的教学方式，提升学生美学素养，促进学生得到全面发展。小学语文教师在教学中渗透美学教育，让学生养成发现美、体会美、欣赏美的能力，有利于培养学生高尚的道德与心灵。[①] 想要有效提高小学生的审美能力，语文教师可以从以下几个方面展开（图7-2）。

图7-2 小学语文教学中美育渗透的策略

一、书读百遍，其美自现

（一）读出节奏美

为弘扬我国优秀传统文化，各个版本的小学语文教材中都收录了多篇诗歌，而诗歌是富有节奏感和音乐美的，教师可以充分利用诗歌的特点，加强美育渗透。[②] 进行诗歌朗读，一定要注意诗歌的节奏，五言诗通常为三顿，第一次停顿的时间较长；而七言诗通常为四顿，第二次停顿的时间较长。在古诗中，格律诗的停顿是比较固定的，但也要灵活运用，如果完全依据这样的规律进行阅读，会

---

① 高加春．小学语文教学中美育的渗透途径探究[J]．考试周刊，2021（87）：37-39．
② 潘靓．核心素养下小学古诗教学渗透美育的策略研究[J]．教育界，2021（52）：29-31．

显得较为呆板。在学习《游园不值》这首古诗时，如果按照传统规律阅读，那么停顿是这样的：

应怜／屐齿——印／苍苔，小扣／柴扉——久／不／开。
春色／满园——关／不／住，一枝／红杏——出／墙／来。

如果拘泥于古诗的一般停顿规律，会导致读出的古诗十分呆板，完全无法体现古诗的美感，所以在朗读古诗时，应进行创造性设置，才能让古诗更有生气，充分体现古诗的节奏美。在阅读《游园不值》这首古诗时，教师需要引导学生根据情感的需要、速度的变化进行灵活调整：

应怜／屐齿／印／苍苔，小扣／柴扉——久／不／开。
春色／满园——关／不／住／，一枝／红杏——出／墙——来。

这首诗描写的场景是诗人想要敲门欣赏园内的美景，但是无人应门，此时发现，美丽的景色已经爬出了墙外。第一句描写的是诗人对于园子主人不开门心理的猜测，以及不忍心践踏苍苔的怜惜之情，所以在朗读的时候应该用较轻的声音和较短的停顿来读；第二句描写了诗人久扣柴门却无人应答，无法欣赏园内美景的落寞，重音应该在"久"字上；第三句和第四句是这首古诗的重点，第三句简单几个字就将满院绚烂的春景展现得淋漓尽致，诗人落寞的心情一下子变得开阔、明朗，所以这句诗的每一个词都应该加重读音，尤其以"满"字和"关"字为重；第四句诗中包含一个"红"字，应读重音，突显这句诗的色彩美，另一个重音应该在"出"字上，但要注重将这个字读得短暂，从而充分体现出俏皮的意境。

结合古诗的意境、情感，调整停顿方式，就可以读出古诗的韵味和生机。可见，朗读古诗时一定把握好恰当的节奏，才能充分展现古诗的节奏美。在语文教学中渗透美育，教师一定要对学生的朗读提出要求，让学生深刻体会古诗的节奏美，在潜移默化中熏陶学生的情感，提升学生的审美能力。

（二）读出情节美

在小学语文教材中还收录了多篇哲理故事，包含寓言故事、神话故事、成语故事等，这些文章具有冥想的意味，特点是篇幅较短，哲理性强。在阅读哲理故事时，要注重读出故事情节的精彩，读出引人入胜、扣人心弦的感觉。[①] 教师要注重引导学生以声音将是非黑白、真善美丑等区分开来，朗读时还要通过声音将故事中蕴含的哲理读出启发性、暗示性；并且哲理故事尤其要读出"故事性"，朗读时的语气要亲切、自然，将故事情节灵活地展现出来。例如，《牧童和狼》这篇课文：

一个牧童在村边放羊。好几次他大叫："狼来了！狼来了！"村民们闻声赶来，哪里有什么狼！牧童看到他们惊慌失措的样子，不禁哈哈大笑起来。

后来，狼真的来了。牧童吓坏了，他慌忙大叫："狼来了！狼来了！快来帮忙啊！狼在吃羊啦！"然而，他喊破喉咙，也没有人前来帮忙。

一贯说谎的人，即使说了真话，也没有人会相信。

这是一篇十分简短的故事，故事情节也十分简单，但故事的逻辑却十分缜密。这个故事中包含两条逻辑："说谎话—相信"和"说真话—不相信"，这两条与现实相反的逻辑，正是推动故事情节发展的关键。在进行阅读时，就是要突显出故事前后情节的对比。第一段是故事的开端，阅读时语调平稳即可；第二段是故事的高潮，要注重读出强烈的情感，充分展现牧童焦急慌张的情绪，以及无人帮忙的"疑惑"；第三段是故事的总结，阐明了故事中蕴含的哲理，要用正式、严肃的语气进行阅读，读出教化意味。第一段中的重音应该在"好几次""哪里有什么狼"这两句上，与下文中"后来，狼真的来了"形成对比，让听故事的人清楚故事情节是如何发展的。故事中人物的语言也可以起到推动故事情节发展的作用，第一段的"狼来了"和第二段的"狼来了"，牧童前后的处境和心态是完全不同的，所以在朗读时要注重前后两次的声音和语气，朗读者也可以加上恰当的面部表情，来体现前后两种境况的区别，来展现故事情节的发展。

（三）读出情感美

散文的内容包含甚广，表现形式也十分自由。在小学语文教材中包含多篇散文，有描写自然景观的，有描写亲人之间情感的，也有描写动物和植物的。加强

[①] 高亚萍. 语文阅读中渗透美育的策略 [J]. 作家天地，2021（31）：181-184.

小学生的情感教育,对于推动学生全面发展意义重大。语文教师可以充分发挥散文教学的优势,让学生通过有感情地朗读,发现文章中的情感美,提升学生的情感体验。在朗读一篇散文前,首先要对文章进行深度分析,体会作者想要表达的思想情感,与作者产生情感共鸣,在朗读时才能充分体现文中蕴含的情感。其次还要对文章中的感情进行具体分析,需要明确三点:第一点,情感的类别,包括哀怨、离愁别恨、伤心、欣喜、愤怒等;第二点,情感的载体,在散文中常会出现表示情感的意向,需要通过文章的朗读仔细进行分辨;第三点,抒情的方法,要明确文章属于直接抒情还是间接抒情。简单而言,就是要明确文章中抒发的是什么感情,凭借什么来抒发感情,用什么方式抒发感情。只有明确这几点,才能在朗读时,充分读出文章的情感美。例如,《爱如茉莉》这篇文章:

我差点笑出声来,但一看到妈妈一本正经的眼睛,赶忙把"这也叫爱"这句话咽了回去。

当我推开病房的门,不禁被跳入眼帘的情景惊住了:妈妈睡在病床上,嘴角挂着恬静的微笑;爸爸坐在床前的椅子上,一只手紧握着妈妈的手,头伏在床沿边睡着了。初升的太阳从窗外悄悄地探了进来,轻轻柔柔地笼罩着他们。一切都是那么静谧美好,一切都浸润在生命的芬芳与光泽里。

病房里,那簇茉莉显得更加洁白纯净。它送来缕缕幽香,袅袅地钻到我们的心中。

哦,爱如茉莉,爱如茉莉。

这篇散文充满了生活情味,字里行间流露出作者父母之间绵长的爱意,与年轻人炽热的爱情不同,所以在朗读时,不可用过于激烈的语气,要注重彰显出平淡、静谧、美好的感觉。文章的作者凭借茉莉来抒情,茉莉纯白洁净、朴实典雅,与父母间温馨、平淡的情感相互辉映。在朗读时,要将"缕缕幽香""袅袅地"读出温暖的感觉,要用轻柔、缓慢、充满爱意的语气进行朗读。在散文中,景色描写的作用是烘托情感氛围,在朗读时需要格外注意。如选文中的第二段"初升的太阳从窗外悄悄地探了进来,轻轻柔柔地笼罩了他们。一切都是那么静谧美好,一切都浸润在生命的芬芳与光泽里。"在朗读时要用轻柔的语气读出环境的静谧美好,要用满足的语气读出一家人的幸福。选文最后一段,只有简单的几个字,对文章中的情感进行了总结和升华。作者通过自己的父母，领会到了爱情的真谛，所以发出了"爱如茉莉"这样的感慨，一个"哦"字体现了作者的恍然大悟；朗读第二个"爱如茉莉"时要用意犹未尽的语气，引导聆听者回想父母间平凡、温暖的感情，感悟平淡才是生活本真。

二、音美融合，构造"美境"

（一）用音乐渲染课堂"美境"

音乐可以反映人的思想情感，这与文学活动相契合，将音乐与文学进行融合，能够有效实现小学语文教学中的美育渗透。文章是作者使用文字抒发情感，音乐是艺术家用声音抒发情感。柴可夫斯基曾表示：从本质上来说，借助音乐展现内心的感受，就像是诗人用诗句抒发内心的情感，区别在于音乐可以用更加强大的手段以及细腻的语言来表现情感。

很多音乐，尤其是中国的古典音乐，十分注重境界的展现，在音符之间加入浓淡适宜的情感，并在旋律的变化中推动情感发展，这种内蕴的情感和美，与文学作品是一致的。在此基础上，进行小学语文教学时，以情感、内容相通的音乐作为辅助，就能有效营造良好的课堂氛围，构造浓郁的审美环境，在潜移默化中让学生受到美的熏陶，促使学生加深对文章内涵的理解程度。例如，《二泉映月》这篇文章主要描述了盲人阿炳的故事，在明月映照下，饱经沧桑的阿炳想明白了小时候师傅的问题，从潺潺的流水声中流露出对不幸的叹息，对命运的抗争以及对未来的向往，阿炳将对人生的感悟倾注在这首《二泉映月》中，故事感人至深。进行教学时，如果仅凭教师单纯的语言描述，学生无法深刻地理解这篇文章中蕴含的复杂情感。因此，进行这篇文章的教学之前，教师可以先为学生播放一遍名曲《二泉映月》。曲子的开场第一声犹如寂静夜空下的一声叹息，二胡低沉徐缓的音调瞬间营造了深邃的意境，学生逐渐安静下来，情绪逐渐被感染，有助于学生后续阅读文章时更好更快地理解文章内容。完整播放完这首曲子，教师可以将音乐的声音调小，让《二泉映月》作为课堂的背景音乐，并要求学生合着音乐轻声朗读课文。随着曲调的变化，学生的心情也会随之变化，教师要引导学生思考曲子为什么会发生变化，这对学生深度理解课文有很大帮助。课文教学结束后，教师可以将背景音乐的声音稍微调大，让学生大声朗读文章中的优美段落，让学生在恬静而又激荡的二胡曲中感受生命面对困难挫折时的不屈不挠。

第七章　小学语文课堂教学与德美劳教育的深度融合

小学阶段的学生由于受到年龄、阅读、能力等多方面的影响，无法快速理解文学作品中蕴含的深邃情感，对情感的体验也不深刻，这势必会影响学生的学习质量。而音乐不受外在因素的制约，其可以传达情感，让学生足不出户就能遨游各地，体会不同的风土人情。将音乐与语文教学联合在一起，与学习单纯的文字相比，可以让学生更加深刻地体会文章的内涵与情感。将音乐中蕴含的情感与文字中蕴含的情感相结合，可以形成内在的情感力量，诱发学生得到更深层次的审美体验。[1]例如，《安塞腰鼓》这篇课文中详细描写了腰鼓表演场面的宏大、气氛的热烈，充分表达了作者对于黄土高原以及家乡人民的热爱。这篇文章的教学难点在于学生对陕北文化的了解甚少，学生很难通过单纯的文字去理解安塞腰鼓蕴含的民族性与精气神儿。因此，教师在课堂导入阶段，可以为学生播放西北民歌《信天游》，让学生感受粗犷的陕北文化；在自由的节奏和奔放的旋律中，教师可以为学生介绍西北人民的生活习惯以及当地的风土人情。学生结合《信天游》的曲调，可以更好地感受高原的风光和当地人民的精神世界。在学生"神游"陕北后，教师可以为学生再播放一段安塞腰鼓的伴奏音乐，各种乐器的声音此起彼伏，男子们发出呼天震地的号子声，这可以进一步调动学生的好奇心，学生们仿佛打开了新世界的大门。教师要引导学生发挥自身的想象力，在脑海中形成一幅陕北人民敲打腰鼓的场面，体会人们观看表演时的心情。在接下来的教学中，教师可以将安塞腰鼓的伴奏音乐作为课堂的背景音乐，让学生在音乐声中自由地朗读文章，边体会音乐中的情感，边把握文章中蕴含的情感。通过音乐的辅助，学生可以更好地理解文章中的"一锤起来就发狠了、忘情了、没命了！""山崖蓦然变成牛皮鼓面了，只听见隆隆，隆隆，隆隆。"在充满力量的号子声中理解"痛苦和欢乐，现实和梦幻，摆脱和追求。交织！旋转！凝聚！升华！"在激昂的音乐中深刻理解文章中所传达的西北精神。通过将音乐与文学作品进行有机结合，可以让学生体验各地不同的文化、不同的情感，感受各地人民不同的精神世界。通过丰富多彩的情感体验，可有效提升学生的审美感知能力和审美理解能力。

（二）用图画构造课堂"美境"

"诗中有画，画中有诗"，揭露了诗与画的关系，其实不仅诗与画有关系，文也与画有关系，这是因为人们利用文来抒情、叙事、写人、写景时，总是有"境"

---

[1] 许艳清. 小学语文教学中的美育实践[J]. 教育艺术，2021（12）：44.

的。所谓"境"即"画面",所以文与画之间也是相通的。通过文字,可以细致地描写画面中的事物,也可以通过画面再现文字中的情境。通过画面展现文字内容,可以让学生观看到更加生动、立体的内容,从而让学生真切地感知文字的内容与情感。这不仅有利于学生涵养美感,还可以使学生体会到作者将画面变成语言文字的高明以及创造性。在语文教学中,利用图画再现情境时,教师要注重对学生进行引导,帮助学生找到正确的学习方向;教师还要结合文章内容,声情并茂地为学生进行讲解,这样才能让学生更好地理解文章内容,感受画面意境,深入审美。

在小学语文教学中,用来呈现文字内容的图片有很多种,包含教学挂图、教材插图、剪贴画、网络资源中的图片等,教师要在课前结合教学内容,准备好教学中需要用到的图片,帮助学生更好地理解教材中抽象、难以理解的难点重点,从而让学生感受到语言的魅力,还可有效推动学生的审美能力发展。例如,《孔子游春》这篇文章是由《论语》改编扩写而来,所以其中蕴含着深刻的人生道理,但是在文章中对春景的描写较少,学生上课又身处课堂之中,环境与春景截然不同,所以学生很难设身处地去感受,无法理解孔子与其学生在游玩时愉快的心情,也无法理解孔子与其学生是在怎样的环境中悟出"水"的道理;对于文章最后"泗水河畔的春意更浓了"这句话的内涵也难以形成深刻理解,这会导致学生的课堂学习质量差,学习效率低。为解决这一问题,教师可以选择用抒情的音乐作为背景音乐,并为学生展示关于春天的图画。学生欣赏一幅幅描绘绚丽春景的图片,加上舒缓明媚的背景音乐,自然而然就会联想到自身对于春天景色的感知。在此基础上进行文章的阅读,很容易促使学生形成身临其境般的感受,深度理解文章内容。图画是架在学生与文字之间的桥梁,可以让学生的感官得到有效拓展,让学生与文字之间的情感交流变得更加和谐,从而完成课堂"美境"的构造。在语文教材中有很多文章,如果在教学中多运用图画欣赏来理解,可以帮助学生更快地理解文章内容,并且色彩丰富的图画可以更好地顺应学生的认知特点,调动学生的积极性。例如,在学习《记金华的双龙洞》这篇课文时,很多学生并没有游览双龙洞的经历,如果仅靠学生自己理解文字内容,那一百个学生就能想象出一百个双龙洞。此时教师可以向学生展示收集到的双龙洞图画,让学生可以更直观地欣赏双龙洞千奇百怪的岩石、五彩缤纷的灯光。在赞叹大自然鬼斧神工的同时,带给学生美的感受,从而提升学生的审美情趣。

（三）用影像再现课堂"美境"

随着现代科技的飞速发展，影像材料作为教学资源也被广泛应用于各学科的课堂教学中，尤其是在小学语文教学中渗透美育，影视资源具有较强的优势。小学语文教材中包含很多思想深刻、需要学生深度感悟的文章，有的文章描写了英雄的事迹，有的文章记述了一段历史，有的文章记叙了一场战争。进行这类文章的教学时，如果教师只用文字配以图片进行教学，就会缺少足够的说服力，难以将学生的情感带入情境中，不利于学生理解深刻、抽象的内容；如果借助与教学内容相关的优秀影片进行教学，即可通过逼真的影视画面再现情境，对提高学生的学习质量有事半功倍的效果。例如，在教学《在大海中永生》这篇课文时，学生所处的时代与文章写作背景相距甚远，如果仅凭教师口头讲解，学生很难理解文章中主人公人格的伟大，以及主人公做出的贡献之大。因此，教师可以为学生播放《邓小平》这部纪录片，让学生了解伟人不平凡的一生。通过观看纪录片，可以带给学生心灵上的震撼。学生在阅读教材中的课文时，会自然带入对伟人的情感，从而深刻理解文章内容。又如，《梦圆飞天》这篇课文是一篇由新闻报道改编而来的文章，详细记录了神舟五号发射成功的过程。教师可以将神舟五号发射现场的实录作为教学资源向学生展示，学生可以身临其境般地感受到飞船发射前现场的紧张气氛，还可促使学生因祖国强盛而生出自豪感。在影视作品中，常常运用高科技手段来展现奇幻的场景，通过大胆的艺术想象构造出各种奇观。科幻类、神话类的影视作品也可以作为语文课堂的教学素材，用影视画面带领学生走进一切皆有可能的世界，让学生体会科幻之美。在学习《海洋——二十一世纪的希望》这篇课文时，可以利用影视作品带领学生探索海洋世界；在学习《山谷中的秘密》时，利用影视作品为学生展现冬天山谷中奇异的景观。在语文课堂中将影视作品作为教学资源，不仅可以帮助学生快速理解教学内容，还可以让学生通过影视画面感受不一样的"美"，从而提升学生的审美能力。

三、课外拓展，审美延伸

（一）课外阅读活动

通过阅读可以获取知识，加深感悟，提升品质，发展能力。培养学生的阅读能力以及终身阅读意识，是为学生的全面和谐发展做铺垫。小学语文教材中的文章数量有限，如果只进行教材的阅读，会严重制约小学生人文素养的发展。因此，语文教师要责无旁贷地为学生推荐适合课外阅读的书籍，促使学生养成良好的阅读习惯，推动学生阅读理解能力的发展。学生在德育、美育、劳育等方面的发展，都离不开大量的阅读。要想提高学生课外阅读的质量，让学生从阅读中有所收获，教师在为学生推荐阅读内容时，要选择与学生的年龄、心理发展状况相符，符合学生认知水平的，课外读物的内容和思想要积极、正确、向上。

进行课外阅读时，大多数情况下是由学生自己起主导作用。培养学生课外阅读习惯的目的在于推动学生的全面发展，所以课外阅读为展现学生的独立学习能力、表露个人的艺术鉴赏力、分享个人喜好提供了广泛的可能性。在围绕课外读物进行讨论的活动中，教师要充分调动学生的思维，吸引学生进入充满乐趣与魅力的文学世界中，推动学生对文学作品的鉴赏力、评价文学作品思想能力的发展。在小学阶段，教师可以组织学生开展多样化的课外阅读活动，如读者座谈会、阅读心得交流会等。在实践活动中，教师可以为学生答疑解惑，或者让学生在与他人交流的过程中寻找问题的答案。通过多样化的课外阅读活动，学生可根据课外阅读的内容和感受进行分享和交流，这样有助于学生拓展写作的内容。所有课内课外教学活动的开展，都要以学生的个性特点、认知规律为前提。基于学生的兴趣，让学生真正爱上课外阅读，并通过大量阅读构建自身的阅读知识体系。展开小学语文课外阅读活动，需要遵循相关原则，如文学史原则、问题原则等。研究表明，如果以这些原则作为展开课外阅读活动的基础，那么不同种类的课外读物就能够系统地联系起来。加强开展陶冶性强于教育性的课外阅读活动，才能促使美在学生思维中延展，切实将小学语文教学与美育进行有机融合，促进学生全面发展。

（二）校园文化渗透美育

积极构建良好的校园文化，也是落实美育的有效途径。语文无处不在，在校园内创造良好的语文环境，可在潜移默化中熏陶学生的思想，净化学生的心灵，从而达到提升美育的目的。教室是展开语文教学的主要阵地，教师可以将班级内的黑板报充分利用起来，每周在黑板报上板书一首古诗，或每周抽出一节课带领学生书写古诗，引导学生针对古诗的内容与中心思想进行交流和讨论，这样可有效增进学生学习古诗的积极性，并且促使学生的书写更加规范。学校也可定期组织学生开展"古诗词背诵比赛""古诗词书法比赛"等校园文化活动,让学生在实践活动中收获知识,提升能力。学校也可以根据不同年级学生的特点举行课外阅读活动:对于低年级的学生,可以组织学生进行快乐读书活动、讲故事比赛等;对于中年级的学生,可以组织学生开展读书交流会、制作创意书签等活动;对于高年级的学生,可以组织学生开展读书小报制作比赛、思维导图展示等活动。积极组织校园文化活动,建立浓厚的校园文化氛围,可以有效吸引学生,促使学生积极参与文化活动,让学生在活动中发现美、感受美,从而提升学生的趣味与情操,促使学生树立正确的人生观、世界观。

综上所述,在小学语文教学中加强美育渗透,教师需要充分挖掘教材,进行课堂延伸。教师更要注重引导学生发现自我、感受生活、探索世界,还要帮助学生树立正确的审美观,提高学生的审美情趣以及审美鉴赏力等。加强学生的审美教育,对于学生的全面和谐发展意义重大,所以审美教育在小学语文教学中不可或缺。希望教师通过不断实践,加强总结和反思,进一步深化学生的审美教育。

第三节　小学语文课堂教学中劳育的渗透

马克思主义认为劳动创造了一切,这句话意味着人本身就具有劳动属性。因此,应该加强培养青少年的劳动意识,让学生形成正确的劳动观念,培养学生形成一定的劳动技能,从而推动学生发展自我,用自己的双手创造美好生活,为社会培育更多社会主义事业的生力军,这与教育社会性目标要求相符。另外,随着我国教育理念发生转变,现代教育理念倡导推动学生全面发展。加强小学生的劳动教育,可以促使学生在劳动过程中锻炼素质、磨砺意志,并在劳动中发展智慧,培养学生的创造意识和能力,从而推动学生健康人格的养成,促使学生身心和谐发展。基于这些现实意义,小学语文教师应注重在教学过程中让学生将"劳动创造一切"这一思想根植于心,并在实践中不断提升学生的劳动能力、劳动品质等,为学生终身良好发展做铺垫。在小学语文教学中加强劳育渗透的策略主要包含以下几个方面(图7-3)。

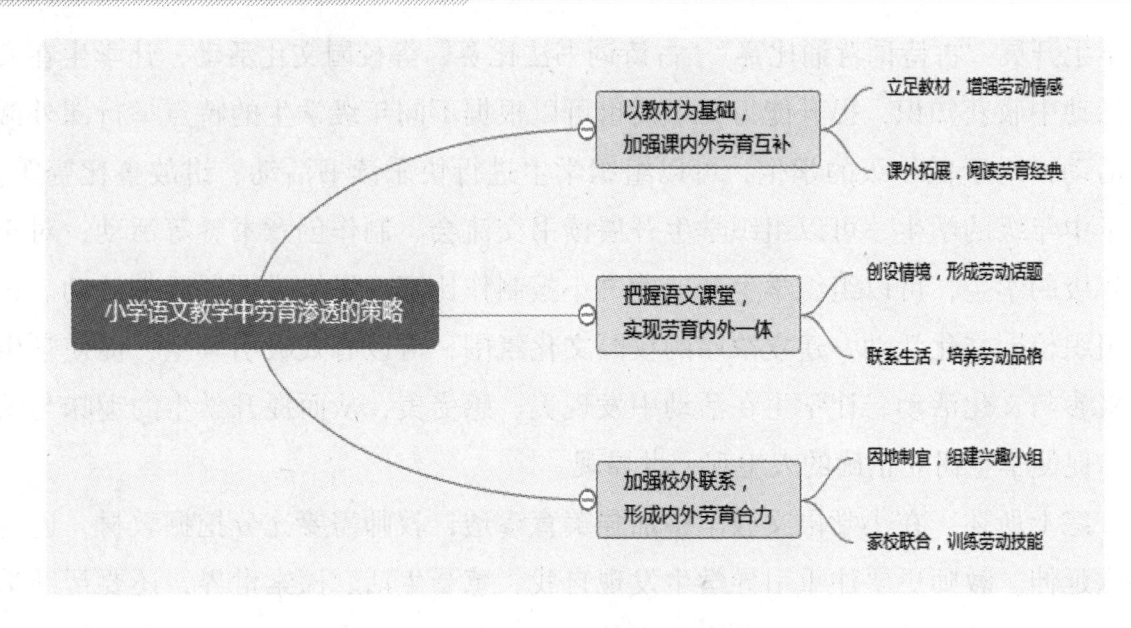

图 7-3　小学语文教学中劳育渗透的策略

一、以教材为基础，加强课内外劳育互补

语文教材是遵照语文教学大纲所编写的教学用书，是教师展开教学、学生进行学习的主要依据。在语文教材中包含大量与"劳动教育"相关的内容。想要通过小学语文教学来渗透劳育内容，就需要教师以教材为基础，深度解读其中的"劳育"因素，加强小学生劳动意识和观念的养成，并结合课外知识拓展，让学生通过大量阅读与"劳动"相关的书籍，深化其劳动情感。①

（一）立足教材，增强劳动情感

通过分析小学阶段的语文教材，可以在其中找到大量与劳动教育建立联系的"点"，充分抓住这些"点"，即可利用语文知识教学，增强小学生的劳动情感。

1. 巧抓文本内容，提升情感

小学阶段的学生年龄较小，缺少自我管理的意识和能力，在课堂中经常会出现开小差、交头接耳、瞌睡等情况，无法紧跟教师节奏进行学习，所以小学语文教师应当从学生的兴趣入手，吸引学生注意力，这样才能有效提高学生的学习质量。低年级的小学生在家中都是父母和长辈的"宝贝"，很少有机会"劳动"。在语文教学中开展劳动教育，学生难免会感到陌生和新奇，教师可以由此抓住学生

---

① 凌必蒂. 浅析小学语文教学中渗透劳动教育的策略 [J]. 安徽教育科研，2022（10）：106.

的好奇心，巧妙结合教材中富含趣味性的文本内容，激增学生对劳育相关内容的探究欲望，让学生心中的劳动情感萌发。

例如，在学习《桂花雨》这篇课文时，为了调动学生的学习兴趣，教师可以通过提问进行引导："同学们，为什么作者唯独喜欢桂花这一种花呢？大家仔细阅读课文，找一找答案吧。"在问题驱动下，学生阅读课文会比平时更加仔细，很多学生开始逐句阅读。学生通过阅读分析，了解到作者之所以喜欢桂花，是因为可以和母亲一起摇桂花树，与母亲一起劳动充满了乐趣，作者也因此更加喜爱劳动。教师对于学生的答案要及时给予肯定的评价，并顺势引导学生可以在家中与父母一起做家务，体验劳动带来的乐趣，让劳动情感在学生心中萌发。

2. 品读文本字词，情动于中

字词教学是语文教学的基础，在小学语文教学体系中占据相当重要的位置。掌握足够的字词知识，学生才能展开语文以及其他学科的学习活动。在语文教学中，通过梳理文章的关键字词，能更好地理解文章整体内容，体会文章中蕴含的思想与情感。在学习篇幅较长的文章时，教师可以引导学生从字词的品读入手，逐步过渡到整篇文章的分析和理解。要想在小学语文教学中渗透劳育内容，教师也可以引导学生从文本字词品读入手，挖掘文本内容中蕴含的劳动情感，从而引发学生的情感共鸣，使学生情动于中。

例如，在一年级语文教材中《上学歌》这一课时的教学中，作为一篇帮助学生真正意识到自己是一名小学生的文章，文章中包含"爱学习，爱劳动"这句话，教师要重点引导学生品读这句话，让学生明白学习和劳动同样重要，培养学生热爱劳动的意识。又如，在学习《落花生》这篇课文时，文章中，因为家里的孩子都喜欢吃花生，勤劳的母亲就开辟了一块土地来种植花生，最后"居然收获了"，教师要引导学生反复品读"居然"二字，感受作者一家人对于劳动成果的惊讶和欣喜，让学生清楚通过双手辛苦劳动总会有所收获的道理，促使学生将勤于劳动的思想根植于心。

3. 分析文本人物，激情融入

人物是文本内容的重要组成部分，通过分析人物形象，可以更好地把握作者的情感以及文本内容中蕴含的思想。在小学中高年级的语文教学中，通过引导学生分析文本中的任务，可以调动学生情感，促使学生养成珍惜劳动、热爱劳动的意识。[①]

例如,《父亲的菜园子》这篇文章中记述了勤劳的父亲,战胜各种困难,开辟了一块新菜园的故事。在这篇文章中,用多个关键词详细描写了父亲开辟菜园过程中的艰辛:暴雨突然来到,父亲"丢"下碗筷,"抓"起铁锹就"冲"到暴雨中去,仍旧无济于事,但父亲一直没有放弃他辛苦耕种过的这块土地,父亲"重新"挑起一筐筐泥土去填充,并且吸取教训修砌了一堵围墙,以防水土流失,最终父亲以"红肿"的肩膀和磨得"起泡"的脚板开辟出了新菜园。文章用这些关键词详细刻画了父亲这一视土地如生命的劳动形象,在他艰苦不懈的奋斗下,终于开辟出了属于自己的土地,收获了丰产的四季。通过详细分析父亲这一人物形象,父亲的辛勤劳动和不懈的精神令人敬佩,学生深受感动。教师要引导学生向其学习,热爱劳动,为更美好的明天艰苦奋斗。另外,在《刷子李》《万年牢》等课文中,也为学生展现了一个个平凡又伟大的劳动形象,他们通过自己勤劳的双手和精湛的技术,赢得了他人的尊重。教师要鼓励学生向他们学习,脚踏实地、热爱劳动、热爱生活。

(二)课外拓展,阅读劳育经典

让学生变聪明的方法,不是补课,更不是增加作业量,而是阅读,阅读,再阅读。可见,阅读对于学生成长意义非凡。课文阅读是语文教学的重要组成部分。通过大量阅读,学生可以获取丰富的学识,积累更多经验,所以教师和家长都应重视学生的课外阅读。小学时期是学生身心发展和习惯养成的黄金时期,在这一时期加强学生课外阅读习惯的养成,可有效锻炼学生的思维,提高学生的阅读理解能力。同时,教师可以充分利用引导学生进行课外阅读的机会,渗透劳育相关内容,培养学生热爱劳动的意识和习惯,为学生的全面发展做好铺垫。

1.激发学生阅读劳动书籍的兴趣

在小学语文教学中渗透劳动教育,要注重以多种形式引导学生阅读与劳动相关的书籍,让学生在阅读理解的过程中体会劳动的艰辛以及劳动人民的伟大。

在语文课堂中教授与劳动相关的内容时,教师可以顺势为学生推荐课外相关劳动书籍,在课堂上教给学生正确阅读的方式方法,在课外阅读中加深学生对劳动的体会,即所谓"课内得法,课外得意"。

---

① 叶小玉,陈娜.浅谈小学语文教材中劳动教育的渗透[J].决策探索(中),2021(2):69-70.

例如，在进行《父亲的菜园》这篇课文的教学时，临课堂教学结束，教师即可为学生推荐课外读物："同学们，其实不仅父亲有自己的菜园子，还有一个人的祖父也有一个菜园子，大家在课后可以阅读一下《祖父的园子》这篇文章，对比父亲的菜园和祖父的菜园，有什么相同之处和不同之处。"通过推荐书籍提出问题，在问题驱动下，学生的积极性被充分调动，学生们会在课后认真阅读，寻找答案；到第二次课堂教学时，学生迫不及待地将自己找到的答案与教师和同学分享，教师要积极对学生进行赞扬，这样可提升学生的阅读自信心。当教师再为学生推荐课外阅读内容时，学生会继续保持阅读积极性，在课后认真进行阅读，从而提高其阅读质量。通过对比父亲和祖父两者的菜园，可以帮助学生明白，一切收获都需要以辛勤的劳作作为前提，让学生懂得劳动的重要性；在学习《悯农》这首诗歌后，可以为学生推荐《千人糕》作为课外阅读文本，让学生清楚粮食的来之不易，促使学生养成不挑食、不浪费，珍惜粮食的意识；在《瑞恩的井》这篇课文教学完成后，教师可以为学生推荐《一次有意义的劳动》《我学会了做家务》等文章。通过阅读多篇内容相近的文章，可以加深学生对这类文章的理解程度，促使学生养成主动做家务的习惯，还可以有效锻炼学生的劳动技能；在教学完《松鼠》这篇文章后，教师可以为学生推荐《小蜜蜂》，并在下次课堂教学时，组织学生讨论动物的辛勤劳作。为深化学生热爱劳动的意识，教师可以对学生这样说："同学们，连小动物都知道靠自己的劳动争取更美好的生活，我们是不是应该向它们学习，更加热爱劳动、珍惜劳动果实呢？"通过教师引导，学生积极反思，从而巩固学生的劳动意识。

2. 加强课外阅读指导和交流

小学生的自我管理意识有所欠缺，很难长时间专注地做一件事，进而导致学生的课外阅读效果欠佳。为帮助学生展开更有成效的课外阅读，教师可以为学生分发阅读卡（表7-1），帮助学生有计划地进行阅读，让学生在规定时间内完成一定的阅读量，促使学生的阅读效率得到提升。另外，由于课外书籍内容多、范围广，小学阶段的学生无法通过阅读收获太多有价值的信息，所以教师应该加强对学生课外阅读的指导，让学生利用正确的方法进行阅读，并尽可能多地获取文本内容中的信息。如圈点法：在阅读过程中对关键字词、语句进行勾画。这种形式可以让学生更快速地理解和掌握文本内容。

表7-1 课外阅读卡

书籍名称	我所知道的	我想知道的	我学习到的

（1）我所知道的：填写自己对这本书已经了解的内容，可以是自己对书籍的大概了解，或者是通过教师介绍对书籍形成的印象。

（2）我想知道的：填写自己想要通过阅读书籍了解的内容，这样便于学生进行有目的的阅读，也便于教师了解学生的兴趣所在。

（3）我学习到的：填写阅读之后学习到的知识、技能，或者了解到的信息。

在学生完成阅读任务之后，要将阅读卡提交给教师，教师可以联合家长，对学生进行多个角度的评价。教师可以对学生劳动意识的养成情况进行评价，学生家长可以对学生掌握的劳动技能进行评价，学生之间也可以展开相互评价，多主体评价可以对学生劳动知识技能的学习情况进行更加全面、科学的评价。

二、把握语文课堂，实现劳育内外一体

课堂是教学的主要阵地，把握好课堂教学的各个环节，提高课堂教学质量，有助于改善学生的学习质量和学习效率。要想提高课堂的教学质量，就需要教师提前研读教材，精心设计教学流程，认真备课，在课堂中发挥自身的引导作用，有的放矢地展开科学教学，提高学生的课堂教学主体地位，教师和学生之间相互配合，从而确保上好每一节课。

（一）创设情境，形成劳动话题

在小学语文课堂教学中渗透劳育内容，要结合具体教学内容，创设相关教学情境，以多种劳动话题引导学生思考和总结，才能促使学生真正全面、透彻地理解劳动的内涵。[1]

1.创设方式多样化

教学有法，教无定法。在实际教学中，教师要结合不同的教学内容和教学目的，灵活选择教学方法，构建不同的教学情境，从而优化课堂，提升课堂教学质量。第一，可以通过语言进行教学情境的创设。语言的功能十分强大，可以传递

---

[1] 万开慧.渗透劳动教育建构魅力语文课堂[J].山西教育（教学），2021（10）：11-12.

微妙的情感，教师作为文化传播者，更应该充分掌握语言的密码，面对学生，教师应该大胆探索，利用语言搭建好学生和知识之间的桥梁。第二，可以通过实验营造教学情境，并不只在理工学科教学中才可以运用实验法，在语文教学中，教师也可以运用实验法激活课堂；第三，可以借助音乐或者影视构造教学情境。相较于教材中枯燥的、平面的文字，利用视频为学生呈现直观立体的内容，更能吸引学生的注意力，让学生全身心投入学习活动中，从而提高教学质量，逐步渗透劳动教育。课堂中创设教学情境的方式十分多样，教师可以结合具体教学内容进行选择，从而提高课堂教学质量，让语文课堂教学与劳育实现有机融合。

2.劳动话题多样化

（1）"劳动的价值和意义"的话题。很多教师和家长只关注学生的考试成绩，淡化了学生的劳动教育，尤其很多学生是独生子女，备受家长宠爱，导致学生不会劳动、不想劳动。在小学语文课堂上，教师要注重营造"劳动的价值和意义"的话题，加深学生对劳动的认知与理解，提升学生的劳动意识。

在学习《悯农》这首古诗时，语文教师可以以"劳动的价值和意义"为话题渗透劳育。为形成主题教学，教师可以增加《春蚕》《劳动的开端》等文章，让学生对多篇文章进行阅读、思考和讨论，这样可以帮助学生加深对劳动重要性的理解；教师可以组织学生进行课本剧的表演，更好地将学生带入文章情境中，促使学生产生对劳动的热情。例如，在进行《幸福是什么》这篇课文的教学时，教师可在班级内选出几位学生，分别扮演文章中的三位主人公，通过演绎，让学生对"劳动有何意义"进行深入探讨，帮助学生对文章的内容形成进一步的理解，让学生清楚地认识到：幸福的生活需要以劳动为前提，只有辛勤劳动，才能获得幸福生活，促使学生在今后更加重视劳动、热爱劳动。

（2）"劳动的崇高与美丽"的话题。加强小学生的劳动教育，首先要让学生树立正确的劳动价值观念，要让学生崇尚劳动，懂得劳动才是最光荣的。在小学语文教学中，教师可以结合具体教学内容，以"劳动的崇高与美丽"作为话题展开教学活动。要求学生有感情地朗读关于劳动光荣崇高的诗歌、课文等，还可以利用现代化教学设备，为学生播放关于劳动的优秀影视作品，营造崇高美丽的情境，并引导学生展开讨论。例如，教师在教学中可以将《梦想的力量》这篇文章作为话题的切口，这样询问学生："同学们，如果你有一个很喜欢的玩具，或者很想吃某一种事物，但是你身无分文，你会怎么办呢？"生活化的问题很容易吸引学生注意，并且这种情况想必大部分学生都遇到过，容易引起学生的情感共鸣。学生立刻开始和同伴展开激烈的讨论，有的学生说可以去跟父母索要，有的学生说可以节省零用钱来买自己喜欢的东西，还有的学生说可以向同学借。此时教师就可以顺势说："文章中的主人公也遇到了这样的难题，那我们一起来看看他是怎么做的呢？"带着问题进行文章的阅读，会提高学生的学习积极性，通过分析文章内容，学生发现可以通过劳动来实现自我价值，换取自己想要的事物，完成自己的心愿。当学生得出问题的答案时，教师就可以引导学生总结出劳动是光荣的、伟大的这一结论，从而加深学生对劳动内涵的理解，帮助学生树立正确的劳动观。

（二）联系生活，培养劳动品格

语文知识在生活中无处不在。因此，展开小学课堂教学要注重与实际生活建立联系，在课堂中导入生活实例，可以让语文教学变得更加具体，有助于学生养成诚实劳动、勤奋劳动、创造性劳动的良好品质。

1. 诚实劳动

人无信则不立。一个人如果不讲信用，便无法立足于世，可见诚信对于一个人的重要性。不管做任何事，都要讲究诚信，在劳动中也是如此。对小学生进行劳动教育，必须培养学生诚实劳动的品格。所谓诚实劳动，即要求人们在劳动中做到实事求是，不违背道德，并且具有主动承担责任的意识。例如，《剥豆》这篇课文中的主人公想和妈妈进行一场剥豆比赛，妈妈刚开始瞻前顾后、小心翼翼，害怕儿子不能接受失败的结果；儿子则用公平公正的方式得出了比赛的结果，勇敢接受了失败，赢得了妈妈和读者的尊重。可见，劳动是否真正值得尊重，并不在于劳动成果的大小，而是取决于人在劳动过程中所表现出的品质和道德修养。进行这篇课文的教学时，教师要引导学生向文章中的主人公学习，在劳动中做到实事求是，不弄虚作假，促使学生养成高尚的劳动品格。

2. 勤奋劳动

人世间的一切幸福都要靠辛勤的劳动来创造。由此可见，劳动对于人们生存的重要性。作为小学语文教师，在教学中可以通过分析教材中的人物形象，培养学生的劳动情感，将教材中的人物当作典范，引领学生学习其良好的劳动品质。

例如，小学语文教材中《手术台就是阵地》这篇课文中的白求恩医生坚持在前线为受伤的战士进行疗伤，拯救了无数生命；《父亲的菜园子》这篇课文中的父亲，虽然一次次失败，但仍旧坚持不懈，用心耕种，守住自己的土地，最终开辟出属于自己的菜园；《梦想的力量》中瑞恩为了70元钱而辛勤地劳动，最终为非洲人民打了无数口井。这些文章中的人物，都是靠自己的双手在自己的阵地上勤奋辛苦劳动，并最终达到了自己的目的，实现了自己的价值。教师要引导学生以这些人物为榜样，学习这些人物身上辛勤劳动、艰苦奋斗的精神。教师可以引导学生从身边的小事做起：做好班级的卫生，给班级内的花草浇水，捡拾学校内的垃圾等；在家里可以帮助父母分担一些家务，如擦桌子、扫地这些自身力所能及的小事；还可以到学校附近的社区参与劳动实践活动。这些都是学生身边的基础性劳动，通过锻炼，可以有效提高学生的劳动技能，促使学生养成勤奋劳动的品格。

3. 创造性劳动

创造性劳动并不是单纯指劳动结果具有创造性，也包含创造性的劳动过程和创造性的劳动行为等多方面。劳动本身就是光荣的，而进行创造性的劳动还能提升劳动者自身的价值。例如，《詹天佑》这篇课文中介绍了詹天佑坚守在工地，与工人一起探讨如何更好地修建铁路，并且创造性地提出了"人"字形线路图，最终提前两年完成了铁路建设工程。在进行这篇课文的教学时，教师要让学生明确创造性劳动的重要性，培养学生的创造性劳动意识。教师可以组织相关实践活动来锻炼学生的创造性劳动能力，比如可以让学生利用节假日的时间到敬老院参加实践活动，观察敬老院的志愿者是如何进行创造性劳动的，也可以让学生参与其中，亲自动手进行创造性的生产劳动，亲身体会劳动的艰辛与不易，感受完成创造性劳动、实现自我价值后的成就感，从而成为爱劳动、会劳动，可以进行创造性劳动的高素质人才。[1]

三、加强校外联系，形成内外劳育合力

学校是展开教育工作的主要阵地，但不是进行教育的唯一场所，积极拓展"第二课堂"，让学生走出教室，走出学校，到社会中去实践。在实践中感悟，可以有效实现课内教育的延伸和补充，形成校内外教育合力，可有效提升教育成效。

---

[1] 张文晶，高玉倩. 在小学语文阅读教学中融入劳动教育的策略分析 [J]. 天天爱科学（教育前沿），2022（4）：27-28.

开展小学生的劳动教育也是如此，在小学语文教学中渗透劳动教育，教师除了在课堂中要有意识地渗透劳育内容，还要注重组织多种实践活动，加强校外联系，让学生在实践中加深对劳动的感悟，促使学生的实践能力得到充分锻炼，还可提升学生的思维能力、动手实践能力、创造能力，从而培养更多全面发展的综合型人才。

（一）因地制宜，组建兴趣小组

随着我国教育理念的转变，教学方法也需要做出相应调整，只有这样才能更好地顺应学生的发展需求，推动学生获得全面和谐发展。如今，多种新型教学方式应运而生，小组合作学习的方式就是被广泛应用的一种。该教学方式可以充分体现学生的教学主体性，有助于调动学生课堂参与的积极性，促使全体学生都能参与学习活动；还可通过小组成员之间的相互讨论，让多种思路碰撞，有助于学生从多个角度思考问题，并最终得出问题的最佳解决方案。在语文教学中渗透劳动教育，同样也可以通过组建学习小组的方式来落实。例如，教师可以组织学生以小组为单位动手进行班报《阅读与写作》的制作，让学生亲自筛选班级内学生的优秀作文、阅读笔记以及文质兼美的短篇阅读材料。在筛选班报素材的过程中，学生将多篇素材进行对比，不仅有助于锻炼学生的辩证思考能力，还可以让学生体会到教师平时进行全班作文审阅以及报刊编辑的艰辛，促使学生在今后更加珍惜教师对自己作文的批阅，爱护每一本书和刊物。除此之外，教师还可以结合班级内的具体情况，组织多种兴趣小组，让学生在小组合作实践中养成劳动积极性，将小学生的劳动教育落到实处，为学生的全面发展做好铺垫。

（二）家校联合，训练劳动技能

父母是孩子的第一任教师，尤其是对于小学阶段的学生而言，其主要生活场所就是学校和家庭，所以家庭教育对于小学生的成长而言，也起到很重要的影响作用。学校和家庭必须对学生提出同样的要求，只有学校和家庭保持信念一致，才能推动儿童全面和谐发展。可见，家庭教育与学校教育对于学生的发展而言同样重要，只有学校和家庭建立有效沟通，对学生展开联合教育，才能收获最好的教育成果。[1] 在语文教学中渗透劳育，由于劳动的特性，更应展开家校合力，共

---

[1] 周伟. 家校联合下的小学生德育新策略 [J]. 天津教育，2021（21）：38–39.

同培养学生的劳动意识,珍惜他人劳动成果的意识和还要注重培养学生的劳动技能。

首先,教师可以要求不同工作岗位的家长到学校参加劳动主题的座谈会,让学生家长介绍自己的工作内容,这样可以让学生对社会中各种劳动形式形成大致认知和理解,促使学生体会父母劳动的艰辛。其次,教师可以结合语文教学内容与学生的实际能力,为学生布置劳动作业,让学生在实践中感受父母平时辛苦劳动还照顾自己的辛苦,还可锻炼学生的劳动技能。例如,学习完《剥豆》这篇课文后,教师就可以为学生布置作业,与父母共同完成一项劳动,不仅可以让学生感受到劳动的乐趣,还可以使学生与家长的关系更为融洽。最后,语文教师要与学生家长之间建立有效沟通,向家长强调对学生展开劳动教育的重要性,使家长明白让学生适当完成劳动任务,不仅不会影响学生的学习,还能通过培养学生劳动意识,锻炼了学生的劳动技能,促使学生成为全面发展的人才。在家长的配合下,学生的劳动教育可以得到更好的落实,促使学生的劳动技能得到有效提升。比如,教师可以为学生布置力所能及的劳动作业,并让学生家长监督完成。对于低年级的小学生,可以要求学生独立刷牙洗脸,独立穿衣服;对于中年级的小学生,可以要求学生自己刷鞋、洗袜子、擦桌子、摘菜等;对于高年级学生,可以要求学生帮父母捏肩捶背,或者洗碗、拖地等。通过完成一定的劳动作业,可有效提高学生的自理能力,使其养成主动参与劳动的意识,从而使学生劳动技能得到提高,推动学生全面发展。

(三)积极实践,提高劳动能力

习近平在基层代表座谈会上表示:"社会主义中国发展到今天,取得的成就不是天上掉下来的,更不是别人恩赐施舍的,而是广大人民群众在党的领导下用勤劳、智慧、勇气干出来的!"小学语文教师在教学中渗透劳育,首先要让学生清楚如今美好生活来之不易,需要无数人的智慧以及辛勤劳作。我们应该学习前辈们坚持不懈、兢兢业业的品质,用自己的双手将这种品质传承与发扬下去,更要用自己的智慧进行创造性劳动,让生活变得更加美好。现代科技飞速发展,在人工智能时代,劳动不再是一味地苦干、蛮干,要注重培养具有创新意识和创造精神的优秀人才。

现阶段,多个新媒体平台的众多账号都在展示各个地区的非遗文化以及当地美食，视频中的主人公将自己劳动的过程以及制作美食的过程记录下来，受到众多人的关注。这些短视频账号都在宣扬"劳动创造生活"这一理念，视频中展示的劳动成果和劳动过程，都极具创造性。这些无不说明现今培养学生的劳动创造能力是十分重要的。

在小学语文教学中渗透劳育内容，不光要利用好三尺讲台，还要带领学生到劳动实践中锻炼动手能力，提高创新能力。[①] 小学语文教师要引导学生多参与劳动实践，如班级和学校组织的大扫除活动，还可以组织劳动评比活动，学生争当劳动标兵，自然可以有效调动其劳动积极性；教师还要组织学生参与校外实践活动，如在学习语文教材中与科技创新相关的内容时，教师可以组织学生到当地的工厂参观学习，让学生感受科技给劳动和生产带来的改变，提升学生的创新意识。作为语文教师，在语文教学中加强劳育内容的渗透，就需要做好校园内外的衔接工作，在课堂中培养学生的劳动意识，在实践中锻炼学生的劳动能力，让学生明白"劳动创造一切"的道理，促使学生养成吃苦耐劳、脚踏实地、兢兢业业的劳动品质。

在小学语文教学中渗透劳育内容是一项创新举措，语文教师在实际教学中难免会遇到各种困难与疑惑。因此，教师要不断在实践中摸索，探索出可以将劳育与语文课程进行更好融合的策略，攻破难题，只有这样才能收获理想的教学成效，进而推动我国青少年德智体美劳全面发展。

[①] 王芳芳. 保定市 X 小学少先队员劳动意识培养研究 [D]. 保定：河北大学，2017.

第八章　信息化背景下小学语文课堂教学的创新

当今时代，信息技术开始广泛应用于教育领域，新时代学生的实际学习需求早已非传统教育教学手段能满足，小学语文课堂教学呼唤信息化的创新。本章主要探讨信息化背景下小学语文课堂教学的创新，介绍了小学语文教师信息化教学能力的提升方式，以及微课和翻转课堂在语文教学中的创新应用。

第一节　小学语文教师信息化教学能力提升

在实施素质教育的过程中，课堂教学是一个主要的渠道，也是小学语文进行创新所必须要走的一条路。小学语文教师在课堂教学中扮演着引领者的角色，教师的创新能力也直接影响着课堂教学的创新。因此，我们应积极探索在当今信息化背景下小学语文教师创新教育能力的提升策略。小学语文教师信息化教学能力的提升可以从以下几点入手。

一、对课型进行创新

一般情况下，每次上课时，教师都会以一种教学方法为主、多种教学方法为辅，并在此基础上进行探索和创新，形成具有自身特色的、较为固定的课堂教学形式，这也是一种基本的课型。因此，对课型进行创新就是要对教学方法进行创新。

教师要引导学生多进行自读自悟，将课文中所蕴含的深层意义"悟"出来。

例如，进行《夜莺之歌》的学习时，教师可以让学生谈谈感想。有的学生对小夜莺机智勇敢的精神进行了分析；有的学生分析了游击队员与小夜莺的默契，明白了侧面描写的重要性；还有的学生分析了小夜莺高超的口技，无论是学夜莺唱，还是学杜鹃叫，都和真的鸟叫声一样。经过讨论，学生对课文的理解更加深刻，那些细节方面的问题也被学生挖掘了出来。讨论使学生的主体地位落到了实处。教师是课堂教学的主导，我们要通过对学生创新意识的培养来促进创新行为的落实。

二、对课堂组织形式进行创新

传统的课堂是以教师讲、学生听为主的，这种死板的组织形式很容易遏制学生想象力和创新能力的发展。学生需要自己去对文章进行阅读和感悟，也需要和其他同学一起讨论，相互帮助。讨论式教学能够很好地满足学生的这些学习需求，在具体的教学实践中也收到了良好的效果。

教师经常采用的讨论方式有两种：一种是同桌讨论，一种是四人为一小组进行讨论。为了改变这种一成不变的讨论方式，教师也可以进行一些尝试和探索。例如，学习《只有一个地球》时，为了使学生能够对课文有一个深入的理解，教师可以以"火星也和地球一样有水和生命存在"这句话作为切入点，组织学生进行一场辩论——"移民火星能否实现"。学生围绕着这一问题进行正反方的辩论。学生通过自己在网络或图书馆里所搜索的资料将课文内容进行了延伸，收到了良好的教学效果。

三、对教学手段进行创新

随着科学技术的发展，多媒体逐步走入了小学课堂，为小学语文教学起到了很大的辅助作用。多媒体具有强大的信息输出功能，它能为学生带来立体的刺激，使学生的多种感官都参与到认知活动中来，变抽象为具体、复杂为简单，最大限度地调动学生的求知欲，使学生的创新意识得到有效的培养和激发，促进课程教学的不断优化。

例如，教学六年级下册《科学精神》这一单元时，教师可以利用多媒体课件为学生展示了水稻丰收的场景和炸药爆炸的情形。当课文中的内容以动态的方式展示出来时，学生都会感到非常震撼，也深深地体会到了科学家不畏困难、刻苦钻研的精神，学科学、用科学也成了学生头脑中一种强烈的需求。这时再回到课文学习中来，学生无论是回答问题还是进行交流和互动，都比以前有了很大的提高，教学效果也非常好。

四、对教学语言进行创新

教学语言能够反映教师的综合能力，对教学语言进行创新是教学创新中较为直接和外在的因素。每个教师的教学语言都有自身的风格，风格化语言的形成是教师个体精神的外化，它的形成非一日之功，只有当教师对于创新达到了一种自由的成就阶段，它才会逐渐产生、发展并最终形成。

如进行复韵母 ei 的学习时，为了避免学生将 ei 与 ie 混淆，教师可以先给学生讲了一个故事：大 e 要和小 i 一起爬山，爬了一会儿小 i 就爬不动了。这时，大 e 说：小 i，我拉着你爬。于是，大 e 在前面拉着小 i 往上爬。大 e 带小 i，边爬边喊 ei、ei、ei。新颖的教学语言能够使学生对拼音的学习产生一种形象的认识，学生们对这种练习形式也很感兴趣，学习兴趣得到了有效激发。

此外，教学语言并不只是教师所说的话，还包括教师的体态语言，即教师的面部表情、目光以及手势等。课堂教学是一个动态的艺术创新过程，教师要将有声语言和体态语言充分地调动起来，二者相互作用，形成有效合理、形式多样、具有鲜明个性色彩的教学语言，使学生对教学产生一种美的体验，强化他们的审美感受。

五、对板书进行创新

板书是教学内容的浓缩，对于整堂课来说，板书的作用是总结学习内容，提醒学生注意本课的主要脉络。要想使板书新颖别致，充分发挥其作用，教师就要对课文进行深入挖掘，发现其潜在的构思线索，将课文的内在结构以一种直观的形式展现出来。

同时，板书要形象、生动，如果可以，还要配上一些简笔画或几何图，凝聚课文精华，从微小之处探寻课文，将所学内容以创新的形式定格。例如，学习《龙的传人》一文时，教师可以先利用简笔画在黑板上画了一幅简单的龙的形象，然后结合课文中对龙的描述——"角似鹿，头似牛，嘴似驴，眼似虾，耳似象，鳞似鱼，须似人，腹似蛇，足似凤"，边说边画，并不时咨询学生的意见："大家看老师画的角像不像鹿?"等教师画完,学生基本上就能将龙的这几个特征都记住了。

到课堂的最后,还可以将一些与龙有关的成语整齐地写在了黑板上,方便学生记忆。在进行板书的创新时,教师只有让学生充分地参与进来,发挥他们的主体作用,让学生参与板书的设计与完成环节,这样才能使学生对课文的理解更为深刻。总之,教师要对板书的形式进行创新,力求新鲜生动。这是课堂教学艺术的有效体现,也是进行教学创新的一个目标。

第二节 微课在小学语文课堂教学中的创新应用

微课是集文字、音频、图像为一体的综合性教学技术,在小学语文教学中运用微课,可有效实现教学手段的创新与改革,从而激发学生对语文课程的学习热情,提高课堂教学的质量和效率。[1] 微课在小学语文课堂中的创新运用,可改变教学形式,丰富课堂教学内容,实现知识的延伸与拓展,从而帮助学生积累、丰富知识,增长学生见识,推动学生语文学科核心素养的发展,还能有效培养学生的创新精神与探索精神。[2]

在小学语文课堂教学中运用微课,可实现语文教学模式的创新,从而有效激活课程,建立教师与学生之间的有效互动,有利于教学活动的顺利开展。师生之间进行有效互动,教师才能够对学生的实际学情有充分了解,及时针对学生的学习情况调整教学方案,提高教学效率。不受时间和地点限制,是微课教学方式的特点。学生可以随时随地进行自主学习,充分利用碎片化时间,这种方式可有效锻炼学生的自主学习能力。并且使用微课进行教学,教师可以及时对教学内容和策略进行调整,有利于教学活动灵活开展,实现语文高效课堂的构建。微课在小学语文教学中的创新应用包含以下几个方面(图8-1):

---

[1] 孔维萍. 微课之于小学语文教学的作用研究 [J]. 新课程, 2022 (18): 154-155.
[2] 袁月. 微课在小学语文教学中的应用研究 [J]. 试题与研究, 2022 (9): 113-114.

图 8-1　微课在小学语文教学中的创新应用

一、分析知识要点，突破教学难点

微课的创新应用有效地实现了小学语文课堂教学方式的改革，提高了教学针对性以及学生的学习效率，自然就有效地提高了课堂教学的质量。微课的使用，顺应了小学生的认知规律，所以对调动学生的学习积极性有显著效果，进而促使学生的语文学科核心素养获得良好发展，从而顺利达到素质教育的目的。因此，作为新时代的小学语文教师，要注重提高自身的信息化教学能力，充分掌握微课的多种运用方式，利用微课教学优势，构建高效语文课堂，促使学生的学习质量得到改善，达到推动学生全面发展的目的。

以《两个铁球同时着地》这篇课文教学为例，其教学要点是让学生相信两个铁球同时着的这一事实，并引导学生向伽利略学习，敢于质疑权威，不盲目迷信。如果教师只进行口头讲述，学生无法在脑海中形成两个铁球同时着地的画面，也难以对课文中的内容形成深刻的理解，影响学生的学习质量。但如果利用微课中的动态显示功能，教师就可以为学生展示两颗铁球的运动过程以及最终着地的结果。生动形象的画面可以有效调动学生的学习积极性，促使学生快速理解课文内容，提升学生的学习效率。微课教学资源的使用，可以快速突破教学难点，不仅帮助学生加深了对所学知识的理解和运用，还能丰富课堂教学的形式和内容，提高学生的学习体验，有助于推动学生创新意识和精神的发展。

二、转化抽象知识，加强学生认知

利用微课创新小学语文教学，可有效将抽象的语文知识转化为具体的形象，可帮助学生快速理解知识，加深记忆，从而提升小学语文课堂教学质量。现代教育理念强调，要推动学生的综合素养发展，教师不仅要帮助学生掌握知识，还要注重培养学生的学习思维，帮助学生掌握正确、科学的学习方式，这对于学生的终身学习都会产生积极的影响。小学生缺少足够的生活经验，对于一些生活常识和基础知识缺少理解，这会给其学习带来一定的困难，不利于抽象知识的理解。但微课的运用可以将抽象知识转化为具体形象呈现在学生眼前，即可让学生直观地观察现象、理解内容，提高学生的学习效率。[①]

在教学关于祖国大好河山的内容时，单纯依靠教师的口头讲解，即使教师使用再多优美的词汇，学生也无法在脑海中形成清晰的画面，这将影响学生的后续学习。此时教师可以利用微课为学生展示祖国的大好河山，即使教师不用任何一个词来描述，学生也能形成直观的感受，从而快速理解文中的内容，提高学生的学习效率和质量。生动的画面，优美的声音，总能调动学生学习的积极性。教师要充分利用小学生这一特点，灵活使用微课展开创新教学活动，加深学生对知识的理解，推动学生认知水平的提升。

三、拓展课堂知识，提高教学质量

语文课堂中充分运用微课资源创新教学形式，可有效丰富课堂教学内容，帮助学生积累丰富的知识，优化学生的学习体验，促使课堂教学质量提高。[②] 现代教育理念强调推动学生全面发展，而教学活动的开展仅依靠教材中的有限内容就显远远不够了，教师要注重结合语文课堂教学内容，进行知识拓展，实现学生知识厚度的累积。只有丰富课堂教学资源，才能提高教学质量，增长学生见识，开阔学生眼界，从而满足时代对高素质人才的需求。

以《少年闰土》这篇课文的教学为例，如果只进行文章内容的讲解，学生无法与作者产生情感共鸣，难以理解文章中蕴含的思想情感。因此，在课堂中，教师可以利用微课为学生展示与文章内容相关的拓展知识，结合鲁迅先生当时生活的社会背景进行综合考量，才能让学生对文章的内涵与中心思想形成深刻认知。拓展与教学内容的相关知识，可促使学生从多个角度对教学内容进行思考，从而完成深度学习，利于学生思维能力的发展。通过在小学语文课堂中运用微课进行

---

① 杨丽彦.浅议微课在小学语文课堂教学中的运用[J].现代农村科技，2022（5）：78.
② 张丽丽.试析微课教学在小学语文教学中的应用[J].新课程，2022（12）：117.

创新的教学模式，可实现知识的拓展，优化课堂，提高课堂教学质量的目的，有利于培养学生的语文综合素养。

综上所述，在如今信息化的背景下，将微课创新运用到小学语文课堂教学中，用学生喜闻乐见的方式进行语文知识教学，能够充分调动学生学习的积极性。微课的运用有利于深度解析教学要点，将抽象知识转为具体形象，从而加强学生的认知与理解；还可实现教学内容的补充和拓展，促使课堂教学质量提高。小学语文教师要在实践中不断总结，探索可以更好地调动学生学习兴趣和学习动力的方式，实现推动学生语文核心素养发展的目的。

第三节　翻转课堂在小学语文课堂教学中的创新应用

如今我国推行素质教育理念，多种新型教学模式应运而生，翻转课堂也是一种被广泛应用的新型教学模式。在小学语文课堂中运用翻转课堂创新教学，将学习的主动权交到学生手里，能够有效提高课堂教学的质量，推动学生的学习效率提升，进而促使学生的自主学习能力获得良好发展（图8-2）。

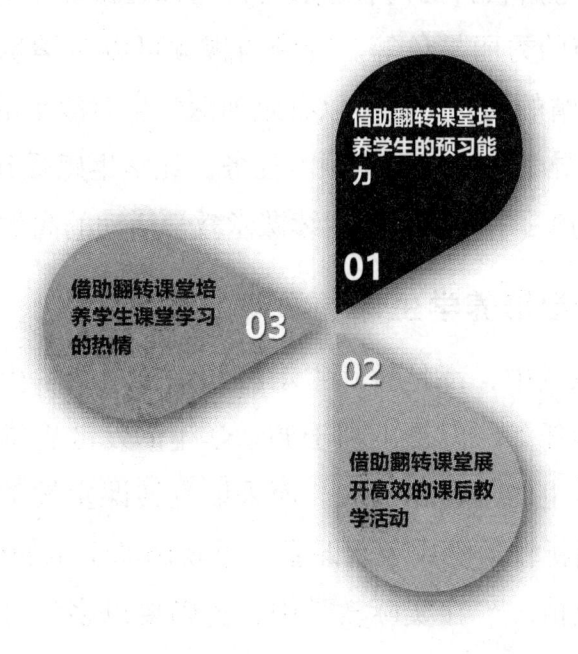

图 8-2　翻转课堂在小学语文教学中的创新应用

一、借助翻转课堂培养学生的预习能力

翻转课堂教学模式的运用，能够突显学生的主体地位，从而提升学生的思维能力，提高学生的学习品质。让学生在课前进行预习，就是一种很好的突显学生教学主体地位的途径。进行课前预习，可有效锻炼学生的自主学习能力，提升学生的思维品质。因此，小学语文教师要注重培养学生课前预习的习惯。为了让学生养成预习习惯，教师就要结合学生特点设计预习内容，从而激发学生的预习热情。教师结合学生的认知规律以及兴趣爱好，为学生设计学习任务，引导学生自主展开知识探索。以完成任务为前提展开预习活动，可以避免学生在自主学习中没有明确的学习目标，从而导致学生的预习效果不佳。同时，教师为学生布置预习任务，学生可以举一反三，逐渐掌握课前预习的技巧。这种方式可以提高学生的自主学习质量，还可使学生形成课前预习的意识和习惯。

例如，在学习《望庐山瀑布》这首古诗之前，教师就可以结合学习内容以及学生的实际学习能力，为学生合理布置预习任务。教师可以为学生设计一张预习清单，将每节内容的教学目标设计为预习任务，为学生指明学习方向，有助于提高学生的预习成效。为了提高学生的预习积极性，教师可以借助微课视频，为学生录制朗读古诗的小视频，让学生在预习时进行观看，对这首古诗的内容进行了解和熟悉；为了帮助学生充分理解古诗的内容，教师还可以在微课中为学生进行古诗内容的介绍，展示庐山瀑布的秀丽景色等。音频与视频可以对学生的感官带来直接刺激，在调动学生预习热情的同时，还可以有效加深学生对故事的印象。总之，教师要充分利用信息技术引导学生完成自主预习任务，让学生感受到学习的乐趣，从而促使学生逐渐养成课前预习的习惯，为后续课堂教学活动的高效展开做好铺垫。

二、借助翻转课堂培养学生课堂学习的热情

在传统小学语文课堂中，都是教师主动将知识传递给学生，这样的教学模式虽然可以确保完成教学任务，但是不利于调动学生的发散思维，影响学生学习能力的发展，还会影响学生的学习积极性。而采取翻转课堂教学模式，即可有效突破传统教学弊端，以创新教学模式激活课堂，重新调动学生的语文知识学习兴趣，调动学生的课堂学习热情。[1] 在实际教学中，教师要以多种方式引导学生自主展

---

[1] 吴转香.翻转课堂在小学语文阅读教学中的应用[J].知识窗（教师版），2021（10）：124.

开相关知识探究，从而突显学生的课堂主体地位，锻炼学生的组织学习能力。

以《夜书所见》这首古诗教学为例，教师可以在课堂中构建教学情境，利用情境吸引学生，促使学生对这首诗产生探究兴趣。教师可以利用网络搜索与这首古诗相关的教学资源，为学生播放关于古诗内容的动画或者视频，并以这首古诗的朗读音频作为背景音乐，在视、听双重冲击下，可快速将学生带入古诗意境中。① 视频观看结束后，教师可以向学生进行提问："同学们，通过视频内容分析，你认为叶绍翁在写这首古诗时的心情是什么样的呢？是开心还是惆怅呢？"教师进行提问，可以为学生制造思考的机会；学生大胆猜想，积极讨论，可以有效提高思维活跃度；学生讨论完毕，教师要鼓励学生大胆发言，阐述自己的观点。在学生发言的过程中，就会出现新的问题，教师可以抓住学生的疑问再次进行提问，引导学生对这首古诗进行深度思考和探索。如：有的学生不清楚为什么梧桐叶可以把"寒声"送出来？要把"寒声"送到哪里去？什么是"寒声"等。这时就可以将学生的疑问作为探究任务布置给全体学生，让学生对问题进行思考、讨论并解答。在学生得出结果后，教师可以引导学生对古诗的内容进行逐句翻译。

在小学语文课堂中，运用翻转课堂模式，改变传统"教师讲，学生听"的教学模式，通过引导学生回答问题，促使学生自主完成古诗的独立学习，既可以突显学生的教学主体地位，又可以促使学生的思维品质和学习能力得到提升。

三、借助翻转课堂展开高效的课后教学活动

小学语文教学可以分为三大环节，即课前预习、课堂教学以及课后巩固。运用翻转课堂模式展开教学，同样也要将该模式应用于课后巩固环节。通过课后复习，可以帮助学生加深对知识的认知，还可在复习过程中发现自身掌握不足的地方。学生自行进行探究，或者再次向教师进行提问，都可以有效巩固学生的学习成果。"温故而知新"，学生通过课后学习，还能达到拓展知识的效果，充分提高学习能力。

以《蜡梅》的教学为例，课堂教学结束后，教师可以让学生课后寻找自身理解不足的知识点，向教师进行提问，或者与其他学生进行讨论，解决疑问，巩固知识。对于学生提出的问题，教师要进行分析和归类，确定哪些问题可以帮助学生加深对教学内容的理解，哪些问题可以展开拓展教学。例如，有的学生不清楚

---

① 尕永官. 翻转课堂与小学语文信息化教学的整合探究[J]. 试题与研究，2022（11）：101-103.

"清气"指的是什么，这一问题的解决，可以帮助学生加深对古诗的理解；有的学生不清楚诗人为什么会产生这样的思想情感，针对这一问题可以让学生深入了解诗人所处的年代背景、社会状况以及诗人本人的生平。在学生的所有问题都解决后，教师可以要求学生针对该首古诗的学习写一篇感悟，写作内容和方向可以由学生自行选择，如此既可有效突显学生的主体地位，还可以通过写作的形式帮助学生夯实基础知识，提高学习质量。

为推动学生获得更好的发展，小学语文教师可以选择翻转课堂教学模式，创新小学语文课堂教学方式，突显学生的课堂主体地位，充分发挥学生的主体作用，从而有效提高小学语文课堂教学质量。教师可以利用网络中的教学资源，或者自己制作相关教学视频，有效调动学生的学习积极性，提升学生的自主学习能力，帮助学生积累丰富的知识，推动学生语文学科核心素养的发展。

参考文献

[1] 杨洪港，肖杏花，何小波.浅谈小学语文教学管理[M].长春：吉林人民出版社，2019.

[2] 朱立金.小学语文教学研究与实践[M].济南：山东教育出版社，2018.

[3] 苗禾鸣，张亮.任务单与阅读教学[M].济南：山东教育出版社，2017.

[4] 詹丹.阅读教学与文本解读[M].上海：上海教育出版社，2017.

[5] 王小坚.对阅读教学的重新定义[M].杭州：浙江大学出版社，2017.

[6] 黄朝霞，熊社昕.小学语文教师成长指导与实践案例[M].武汉：武汉大学出版社，2018.

[7] 邹健.小学语文从教笔记[M].赤峰：内蒙古科学技术出版社，2016.

[8] 刘溶，谢阎.略谈小学语文阅读教学[M].武汉：湖北人民出版社，1957.

[9] 付喜山.小学语文教学方法与思维创新[M].成都：电子科技大学出版社，2016.

[10] 王艳荣.小学语文作文教学技能操作与实践[M].北京：新华出版社，2015.

[11] 孙东阳.基于微课的小学语文识字教学设计与实践研究[D].郑州：河南大学，2021.

[12] 欧阳木健.小学高段群文阅读教学的探索研究[D].长沙：湖南师范大学，2021.

[13] 高俪玮.信息技术与小学语文教学深度融合的现状及优化策略[D].曲阜：曲阜师范大学，2021.

[14] 魏镇园.核心素养视阈下小学语文阅读教学研究[D].漳州：闽南师范大学，2021.

[15] 焦明怡.小学语文阅读教学的语用问题研究[D].济南：山东师范大学，2021.

[16] 谢真彩.小学语文阅读教学"美育课堂"的构建研究[D].南昌：江西师范大学，2021.

[17] 陈增杰.接受美学视野下小学语文整本书阅读教学研究[D].厦门：集美大学，2021.

[18] 陈泽.小学语文低段识字微课设计的研究[D].重庆：西南大学，2021.

[19] 李思露.小学语文教学中的微课应用研究[D].福州：福建师范大学，2020.

[20] 张敏杰.移动互联网环境下小学语文教师信息化教学能力提升策略的个案研究[D].呼和浩特：内蒙古师范大学，2020.

[21] 魏小娜，陈永杰.小学语文"思辨性阅读"教学探析[J].语文建设，2022（8）：16-19，75.

[22] 张涛.拓展阅读教学方法在小学语文教学中的应用探究[J].甘肃教育研究，2022（3）：103-106.

[23] 安源.小学语文作文教学仿写训练研究[J].科学咨询（教育科研），2022（3）：249-251.

[24] 王琪琪.小学语文教学渗透德育教育的几点做法[J].现代农村科技，2022（3）：93.

[25] 邵灵月.多媒体技术在小学语文阅读教学中的应用探析[J].中国新通信，2022，24（5）：164-166.

[26] 杨新宇.智慧校园环境下小学语文中段群文阅读教学策略研究[J].科学咨询（教育科研），2022（2）：232-234.

[27] 王小香.小学语文阅读理解教学策略探究[J].国家通用语言文字教学与研究，2022（2）：122-124.

[28] 高枫.小学语文阅读教学有效路径探寻[J].语文教学通讯·D刊（学术刊），2022（2）：10-12.

[29] 李文荣.基于教学做合一的小学语文阅读教学研究[J].科学咨询（教育科研），2022（1）：214-216.

[30] 张盼盼.微课在小学语文识字教学中的应用研究[J].教育观察，2022，11（2）：87-90.

[31] 孙莎莎.多媒体在小学语文识字教学中的运用[J].中国新通信，2022，24（1）：

186-187.

[32] 高建花.小学语文写作教学中多媒体资源的应用研究[J].中国新通信，2021，23（24）：168-169.

[33] 何懿枭.浅析美育在小学语文教学中的渗透[J].汉字文化，2021（23）：106-107.

[34] 苏月清.基于游戏的小学语文识字教学策略[J].福建教育学院学报，2021，22（9）：67-69.

[35] 薛彩霞.用好课堂提问 发展学生思维：基于思维提升的小学语文课堂提问策略研究[J].语文建设，2021（18）：13-16.

[36] 顾悦仙.试论德育教育与小学语文学科的相互渗透[J].甘肃教育研究，2021（4）：84-86.

[37] 卢改凤.试析在小学语文课堂中运用读写结合教学法的策略[J].科学咨询（教育科研），2021（9）：190-191.

[38] 王世菊.小学语文写作教学中学生观察能力的培养策略[J].科学咨询（教育科研），2021（9）：293-295.

[39] 陈颖.繁体字在小学语文识字教学中的作用研究[J].品味·经典，2021（13）：158-160.

[40] 吴修峰.浅谈德育在小学语文教学中的渗透[J].语文教学通讯·D刊（学术刊），2021（6）：46-47.

[41] 王斌.在语文教学中渗透美育的策略[J].文学教育（下），2021（5）：64-65.

[42] 王宝云.浅谈小学语文课堂阅读教学提问技能[J].科学咨询（教育科研），2021（5）：182-183.

[43] 田亚军.小学语文教学与学生人文素养培育[J].科学咨询（教育科研），2021（5）：260-261.

[44] 柳芸芸.小学语文情境化课堂识字教学探究[J].科学咨询（教育科研），2021（3）：200-201.

[45] 苟淑云.关于在小学语文教学中渗透德育的思考[J].科技资讯，2020，18（28）：246-248.

[46] 朱宝川.发掘小学语文古诗词教学中的美育功能[J].科技资讯，2020，18（26）：132-134.

[47] 刘鑫.核心素养下小学语文人文素养的培养探究[J].科学咨询（教育科研），2020（8）：156.

[48] 叶继红.在小学语文教学中进行德育渗透的实践探索[J].教育观察，2020，9（27）：123-125.

[49] 蒙扬革.谈小学语文课堂提问的有效构建[J].才智，2020（15）：124.

[50] 逄美华.小学语文有效教学策略研究[J].华夏教师，2020（15）：53-54.

[51] 何起英.小学语文课堂教学中美育教学的探究[J].科学咨询（科技·管理），2019（9）：172.

[52] 袁丽辉.小学语文教学中德育的渗透[J].西部素质教育，2019，5（10）：61.

[53] 缪雨倩.小学语文教学人文素养的培养[J].科学大众（科学教育），2017（11）：76.

[54] 姜红.小学语文教育中学生人文素养的培养[J].文化创新比较研究，2017，1（21）：62-63.

[55] 李月菊.谈语文教学中的美育：以小学语文教学为例[J].赤子（上中旬），2015（4）：177-178.

[56] 薛志敏.怎样在小学语文教学中渗透美育[J].赤子（中旬），2014（2）：283.

[57] 刘玉凤.语文教学美育浅谈[J].文学教育（上），2011（9）：32-33.

[58] 强东琴.浅析以微课为载体构建小学语文高效课堂的策略[J].天天爱科学（教学研究），2022（5）：193-194.

[59] 揭金花.微课在小学语文童话教学中的应用：以统编教材语文三年级上册《总也倒不了的老屋》为例[J].广西教育，2022（13）：77-79.

[60] 李海燕."双减"政策下"微课"与小学语文教学的有效融合：以《黄山奇石》教学为例[J].小学生作文辅导（语文园地），2022（4）：44-46.

[61] 宋泽权."互联网+"背景下小学语文网络教学中微课的利用[J].中国新通信，2022，24（7）：146-148.

[62] 王春霞.巧用微课,活化课堂:浅谈微课在小学语文课堂的应用[J].学周刊,2022(9):52-53.

[63] 马翠花.汉字之美,美在风骨:微课在小学语文识字教学中的应用策略分析[J].考试周刊,2022(5):43-46.

[64] 周昊.小学语文教学中翻转课堂教学模式的应用路径与思考探究[J].读写算,2021(16):147-148.

[65] 俞亚文.探讨微课在小学语文群文阅读教学中的作用及应用实践[J].学周刊,2022(4):20-21.

[66] 白丽."互联网+"视域下小学语文"翻转课堂"教学模式的研究[J].散文百家(新语文活页),2021(12):129-131.

[67] 赵心彤.浅谈翻转课堂模式在小学语文教学中的应用:以《亡羊补牢》教学为例[J].中小学电教,2021(12):63-64.

[68] 董玉文.翻转课堂教学模式在小学语文阅读教学中的应用研究[J].中国多媒体与网络教学学报(下旬刊),2021(8):210-211.

[69] 鲁妮娅.翻转课堂教学模式应用在小学语文阅读教学中的价值[J].试题与研究,2021(20):57-58.

[70] 马秀兰.基于读写结合的小学语文翻转课堂实践与思考:以部编版四年级(上册)《爬山虎的脚》为例[J].名师在线,2022(20):58-60.

[71] 瞿旭芸.微课在小学语文阅读教学中的应用分析:以《"诺曼底号"遇难记》为例[J].教育观察,2021,10(43):99-101.